MÉMORIAL

DES ELECTIONS

DE LA

SEINE-INFÉRIEURE

EN 1827.

MÉMORIAL
DES ÉLECTIONS

DE LA

SEINE-INFÉRIEURE

EN 1827.

(M. LE BARON DE VAUSSAY PRÉFET.)

> Si nous sommes libres par les lois, nous sommes
> esclaves par l'administration.
> (M. DE CHATEAUBRIAND.)

———————⊷⊶⊷———————

Paris,

IMPRIMERIE DE GUIRAUDET,
RUE SAINT-HONORÉ, N° 315.

——

1828.

MÉMORIAL

DES ELECTIONS

DE LA

SEINE-INFÉRIEURE

EN 1827.

(M. LE BARON DE VANSSAY PRÉFET.)

> Si nous sommes libres par les lois, nous sommes
> esclaves par l'administration.
>> (M. DE CHATEAUBRIAND.)

———————

Un parti peut se contenter du succès d'un jour, car les
partis n'ont pas d'avenir ; mais quand c'est une nation qui,
par un grand effort, a triomphé d'une faction ennemie de
ses droits et de ses intérêts, c'est peu d'avoir su vaincre,
si l'on ne sait aussi assurer, perpétuer les fruits de la vic-
toire, et surtout les mettre à l'abri de nouvelles tentatives
d'usurpation.

La France a gagné contre le ministère la bataille des
élections : que dans chaque département on en publie le
bulletin, si l'on veut obtenir toujours désormais de ces
triomphes constitutionnels. En mesurant dans ces récits
les résistances systématiques qu'il a fallu surmonter de la
part de l'administration, on verra quelle est la force de
l'esprit public, et, par la conscience qu'elle aura d'elle-

même, cette force prendra une nouvelle énergie. En montrant ce que peut contre l'arbitraire, quoique fortifié par une longue possession du succès, la constance civique, quoique armée seulement de lois insuffisantes, on contribuera à l'affermissement de l'ordre légal, car on aura prouvé que la loi suffit au soutien de la cause nationale. Voilà les premiers avantages du compte rendu des dernières élections. Il en est d'autres encore. — Si, en 1824, on avait livré aux vindictes de la publicité toutes les fraudes, les séductions, les menaces, les violences électorales de cette époque de déplorable mémoire, moins de tels scandales se seraient reproduits en 1827. A défaut d'autre sanction, la honte du moins eût assuré cette fois l'exécution exacte de la loi; et d'ailleurs les citoyens, trop oublieux, eussent trouvé dans le récit des déceptions qu'ils avaient subies l'avertissement des précautions à prendre pour conquérir désormais l'exercice de leurs droits.

Surtout, grâce à ces mémoriaux, la chambre des Pairs, mieux informée de tous les méfaits administratifs, eût amélioré davantage la loi du 2 mai 1827 ; elle ne se fût pas confiée aux promesses fugitives des ministres, et les dispositions légales, plus strictes et plus précises, eussent présenté des sanctions efficaces.

Mais si les découragements de 1824 ont fait oublier ces utiles moyens de garantie, que les joies de 1827 ne les laissent pas négliger. Soumettons au contrôle de la publicité des infractions qu'on pourrait un jour peut-être ériger en *précédents*. Mettons les citoyens en garde pour l'avenir, et surtout donnons à nos législateurs des documents propres à les éclairer dans la réformation de lois qui, destinées en apparence à protéger l'exercice des droits politiques les plus précieux, ont fourni jusqu'ici tous les moyens de les étouffer impunément.

Tel est l'objet du présent écrit. C'est le tableau fidèle de la marche suivie par l'administration de la Seine-Inférieure, depuis le 15 août jusqu'au 27 novembre 1827, en tout ce qui se rapporte aux élections.

On eût désiré le faire complet; mais beaucoup de citoyens n'ayant pas, dans leur fâcheuse insouciance, communiqué les arrêtés de rejet qui leur étaient notifiés au bureau consultatif formé à Rouen pour donner aux citoyens conseils et assistance, un grand nombre de ces actes est resté ignoré, et, d'après la nature des arrêtés qui ont été recueillis, il est permis de penser que parmi ceux qu'on ne connaît pas il doit s'en trouver plus d'un susceptible d'une juste critique. D'une autre part, ne voulant avancer aucun fait dont nous n'ayons la preuve morale entièrement acquise, et préférant de beaucoup rester en deçà qu'aller au-delà de la vérité, nous avons rejeté un grand nombre de rapports dont la sincérité n'était pas suspecte à nos yeux, mais dont aucune justification précise n'était possible.

D'ailleurs nous ne parlerons que des actes auxquels l'administration supérieure a pris une part directe et nécessaire. Sans doute il est une multitude de griefs de détail qui ont eu une grande influence sur la composition des listes électorales; mais nous les négligerons, parce que la préfecture, prompte à nier ses consignes, ne manquerait pas d'en rejeter la responsabilité sur les erreurs, les négligences ou les *excès de zèle* de ses agents subalternes.

Ainsi, par exemple, pendant que la censure interdisait soigneusement aux journaux tout ce qui pouvait révéler aux citoyens l'intérêt actuel et pressant de se faire inscrire sur les listes, pendant que le journal de la préfecture gardait le plus profond silence sur la confection de ces listes, tous les agents de l'administration et leurs compères répétaient qu'il ne s'agissait que d'organiser le service du jury, et nullement du droit électoral. Ainsi les percepteurs refusaient d'abord des extraits, attendu, disaient-ils, que les listes devaient être dressées d'office, et qu'ils avaient envoyé aux sous-préfets le relevé général de leurs rôles. Ainsi, lorsque cette première résistance eut été vaincue, ils refusaient de donner ces extraits autrement que sur des formules imprimées; et, dépositaires de ces formules, qu'ils fournissaient *gratis* à *certains* électeurs, aux autres ils les refusaient, quoiqu'on offrît d'en payer le prix. Ainsi encore ils refusaient ces extraits à ceux qui se présentaient sans pouvoirs en forme et munis seulement d'une simple lettre des intéressés. Tous ces refus, toutes ces exigences multipliaient les démarches et les embarras. Ajoutez que certains percepteurs des campagnes habitent dans d'autres communes que celles où ils ont leurs bureaux, et les citoyens qui, l'ignorant, venaient de loin au bureau, n'y trouvaient pas le percepteur, ou bien à sa demeure ils le trouvaient sans ses rôles : peines perdues, nouvelles courses à faire (1). Les extraits obtenus, c'étaient de nouvelles difficultés pour les attestations des mairies : erreurs comme

---

(1) A Neufchâtel, le percepteur, M. de Galli, fut absent pendant plus de quinze jours. Les citoyens, après mille courses inutiles, ne le voyant pas revenir, demandèrent leurs extraits au directeur des contributions indirectes, qui percevait l'impôt à sa place; mais la préfecture refusa les extraits délivrés par ce fonctionnaire, vu son défaut de qualité. — A Maromme, le percepteur fut également absent de son domicile pendant les journées des 29 et 30 septembre. — Que dire d'un percepteur, que d'ailleurs on ne peut taxer d'ignorance, le sieur Esmangard, chevalier de Saint-Louis, qui a délivré au sieur Legras de Beau-

de fait exprès dans les noms (1) ou dans l'ordre des prénoms; oublis inconcevables dans les énonciations les plus
simples; vingt démarches nécessitées là où une seule aurait dû tout accomplir. Puis il fallait le *visa* des sous-
préfets. Un électeur retenu par ses affaires ou par ses in-
firmités envoyait ses pièces à un ami domicilié au chef-
lieu d'arrondissement; mais pour un simple *visa* les sous-
préfets exigeaient la présence des intéressés ou leur procuration en forme. Enfin, après toutes ces traverses réser-
vées seulement à une certaine classe de citoyens, on arrivait à la préfecture, et là commençait une nouvelle série
de tribulations électorales. — Si du moins, à ce dernier
terme, la justice, si péniblement poursuivie, si chère-
ment achetée, eût toujours couronné la persévérance civi-

---

lieu les extraits de propriétés situées dans quatre communes différen-
rentes, en un seul exemplaire, de manière à réduire cet électeur à l'impossibilité d'obtenir les attestations des maires ?

(1) Pour réduire M. Bottentuit au cens du collége d'arrondissement, on a rejeté un de ses extraits, « considérant que
l'extrait produit est sous le nom de *Jean-Baptiste*; que le réclamant se nomme *Jean-Baptiste-Victor*, et qu'il a un frère
qui porte ces deux premiers prénoms ». C'était une erreur :
car le frère aîné de M. Bottentuit s'appelle *Jean*, et non pas
Jean-Baptiste. M. Bottentuit jeune s'est empressé de faire les
démarches nécessaires pour faire régulariser cet extrait; mais,
comme on le verra plus bas, il s'est trouvé compris dans les
exclus du 14 novembre. — Il y a eu un grand nombre d'autres contestations d'identité, fondées sur l'inexactitude des
désignations portées sur les rôles; et à cet égard, les citoyens,
prévenus par cette expérience, doivent, dès à présent, se
pourvoir pour obtenir la rectification des rôles, en ce qui les
concerne.

que, l'exercice du droit électoral eût été la magnifique compensation de tant d'efforts; mais on va voir le prix qu'ont obtenu un grand nombre de citoyens.

Certes tous ces faux bruits répandus, surtout dans les campagnes, toutes ces exigences surabondantes, toutes ces difficultés renaissant l'une de l'autre, et mille autres choses de cette espèce, ont dû singulièrement appauvrir les listes électorales, en abusant les citoyens sur l'objet de ces listes, en les fatiguant, en les décourageant par la multiplicité des formalités à remplir. Certainement ces combinaisons, qui ne sont pas l'effet du hasard, ont leur part dans les circonstances qui ont réduit à 3,645 seulement le nombre des électeurs d'un département populeux, qui, à raison de ses richesses commerciales et foncières, doit présenter au moins 5,000 citoyens investis des capacités électorales. Mais, nous l'avons dit, nous négligeons ces griefs, tout réels qu'ils sont, pour ne nous attacher qu'à ceux dont la préfecture ne peut répudier la responsabilité.

Infraction dans la publication des listes.

La première liste du jury ayant été publiée le 15 août, suivant l'ordonnance du 4 septembre 1820, les listes supplémentaires devaient paraître successivement de dix jours en dix jours. Dès lors un premier supplément devait être placardé le 25 août; mais il ne parut à Rouen que le 2 septembre, et plus tard encore dans les arrondissements. Plusieurs électeurs présentèrent pétition à M. le préfet pour le rappeler à l'exécution exacte et précise de la loi. Ce fonctionnaire, qui paraît penser qu'il suffit que les listes soient *arrêtées* tous les dix jours, tandis que la loi dit *publiées,* substituant ainsi le secret de ses bureaux aux garanties de la notoriété publique, se borna à répondre :

« Je crois le mode que j'ai suivi régulier. Néanmoins, pour mettre ma responsabilité à couvert, j'ai transmis votre réclamation à Son Excellence le ministre de l'intérieur. »

Depuis ce moment les publications des listes ne se sont pas succédé plus régulièrement au chef-lieu; et dans les arrondissements, surtout dans les communes rurales, les semaines se passèrent plus d'une fois sans aucune révélation des listes.

Principe fondamental de la loi méconnu.

Le 24 septembre un grand nombre de citoyens présentèrent à M. le préfet une pétition ainsi conçue :

« Les soussignés, inscrits sur la première partie des listes du jury, ont l'honneur de s'adresser à vous, afin d'obtenir l'inscription sur ces mêmes listes des dénommés dans l'état annexé à la présente, lesquels sont certainement aptes à y être portés, d'après leur âge et leur fortune, et parce qu'aucune incapacité légale n'existe en leurs personnes. — Les soussignés pensent avoir le droit de vous transmettre ces renseignements, et de requérir l'inscription d'office de ces individus, si, d'après les recherches qu'il vous est si aisé de faire sur les matrices de rôles, leur capacité vous est démontrée. En effet, les listes dressées sont les listes du jury en même temps que les listes électorales. Si le droit électoral est facultatif, il n'en est pas de même des fonctions de jurés : celles-ci sont strictement obligatoires, et les lois punissent sévèrement tout juré qui, étant désigné, ne se rend pas à son poste. La fonction de juré est donc une charge publique, et il n'est pas permis aux préfets d'omettre sur la liste générale aucun des citoyens appelés par les lois : car les charges publiques doivent être également supportées par tous, et toute exemption accordée à un ou plusieurs individus devient une aggravation de charge pour les autres. Tout citoyen porté sur la liste a

donc intérêt, et, par conséquent, qualité pour signaler à l'administration ceux qui tenteraient de se soustraire à l'accomplissement du service du jury ; de même que, si quelques
jeunes gens n'avaient pas été portés sur la liste de recrute-
ment ; de même que, si quelques contribuables avaient été
rayés des matrices de rôles, tout père de famille, tout citoyen
pourrait réclamer contre des priviléges dont l'existence, au
profit de quelques uns, serait une injustice pour tous. —
D'une autre part, le vœu de la loi, qui n'a fait désormais de
la liste électorale qu'une simple annexe de la liste du jury,
est que ces états de dénombrement soient dressés d'office. C'est
le devoir imposé aux préfets sous leur responsabilité. Les justifications demandées aux citoyens ne sont que subsidiaires.
En première ligne est le devoir de l'administration de recher-
cher et d'inscrire de son chef ceux qui sont aptes à figurer sur
les listes. C'est ce que vous avez vous-même reconnu, M. le
préfet, en annonçant, dans votre arrêté du 2 juillet dernier, que
vous inscririez tous ceux dont *les droits vous seraient démontrés*. — Le bruit court d'ailleurs que, par une circulaire par-
ticulière adressée aux sous-préfets de ce département, en in-
diquant la possibilité d'élections générales pour cette année,
vous auriez recommandé à ces fonctionnaires d'inscrire d'office
tous les électeurs sur lesquels l'administration croit pouvoir
compter. Cette circulaire, si elle existe, se fonde sur un principe juste. Elle ne serait abusive qu'autant que (ce que nous
ne pouvons croire) elle restreindrait exclusivement dans une
certaine classe de personnes le bénéfice de ces inscriptions
d'office. — Nous demandons, d'après la loi du 2 mai, et
votre arrêté public, l'inscription générale et sans réserve de
tous les ayant-droit. »

L'état nominatif annexé à cette pétition contenait plus
de cent noms, avec l'indication des prénoms, domiciles
et professions, et du lieu de la situation des biens des individus désignés. Deux cents autres individus furent suc-

cessivement signalés de la même manière, et rien n'était plus facile que de vérifier leur capacité, soit sur les matrices des rôles, soit dans les dossiers des élections de 1824, car la plupart de ces noms étaient extraits des listes électorales de cette époque.

Cependant cette pétition est restée sans réponse et sans effet. M. le préfet déclara à un membre du bureau consultatif qu'il n'y statuerait pas, d'abord parce que la réclamation était *collective*, et en second lieu parce qu'elle concernait des *tiers*. Cet électeur lui fit observer qu'aucune loi n'interdisait les pétitions collectives aux citoyens qui ont à soutenir un intérêt commun, et que d'ailleurs ceux qui, comme électeurs, pourraient demander la radiation d'un tiers indûment porté sur la liste électorale, ont évidemment, comme jurés, un droit analogue pour réclamer l'inscription de tiers sur la liste du jury. Ce fut en vain : M. le préfet refusa même de décider en conseil de préfecture qu'il n'y avait lieu de statuer, privant ainsi les pétitionnaires du droit de pourvoi consacré par la loi.

C'est ainsi qu'a été méconnu le principe fondamental de la loi du 2 mai, qui veut que les listes du jury soient dressées d'office, et qu'elles comprennent tous ceux dont le droit est notoire et démontré (1).

---

(1) L'administration prépare pour l'année prochaine une autre grave infraction au principe fondamental de la loi du 2 mai. Lors de la discussion de cette loi, il fut bien entendu que les listes, une fois dressées, subsisteraient indéfiniment, sauf les retranchements résultant des décès, des mutations de propriété et des changements d'état des inscrits, et les additions résultant des droits nouvellement acquis. L'art. 5 est formel. Cependant voici ce que porte la circulaire du ministre de l'intérieur, du 29 juin dernier : « Dans les opérations

Journée du 27 septembre.

Si tout juré a le droit de demander l'inscription de tout
individu réunissant les capacités légales, afin de diminuer
d'autant pour lui-même la charge du jury; si, d'une autre
part, l'administration a le devoir d'inscrire d'office sur les
listes tous ceux dont les droits lui sont démontrés, il en
résulte qu'on ne peut refuser dans les bureaux les pièces
justificatives de ces droits, quand même elles seraient dé-
posées par un tiers.

Si, à la place des deux principes ci-dessus, qui sortent
évidemment de la loi du 2 mai, on veut poser en règle
que, comme sous l'ancienne loi d'élection, c'est aux citoyens de justifier personnellement de leur capacité, il

---

« qu'à l'avenir les préfets feront tous les ans, du 1er au 5o
« septembre, pour former de nouveau la liste générale, ils
« reproduiront *provisoirement* les inscriptions précédentes,
« sauf les radiations qui auront été définitivement prononcées
« d'une année à l'autre, conformément à l'art. 5, et sauf
« tous retranchements devant ultérieurement résulter de ces
« nouvelles opérations, pour lesquelles les préfets auront *de-*
« *mandé les* PRODUCTIONS NÉCESSAIRES, afin de vérifier si les
« inscriptions, ainsi reproduites PROVISOIREMENT, conservent
« les conditions légales, sans lesquelles elles ne pourraient
« être maintenues. » — Avec ce système, inverse de celui de
la loi, les listes électorales seraient, après quelques années,
réduites à un petit nombre de vassaux, que la préfecture en-
rôlerait et maintiendrait d'office: car il est impossible d'attendre tous les ans des citoyens les efforts qu'ils ont faits cette
année pour la reconnaissance de leurs droits : les résistances
systématiques qu'il leur a fallu surmonter useraient bientôt la
plus ferme constance.

faudra encore admettre les dépôts de pièces par la main de tiers, car celui qui se présente ainsi chargé de pièces, qu'il n'a pu obtenir qu'avec le concours ou le consentement de la partie intéressée est légalement présumé porteur de ces pièces par l'effet de cette même volonté, et pour faire, comme on dit, *le nécessaire*, c'est-à-dire avec mandat spécial d'en accomplir le dépôt.

Cependant la préfecture a exigé des procurations.

Du moins devait-il suffire d'un simple mandat sur papier libre, d'une simple lettre missive, suivant les dispositions de l'art. 1985 du code civil, et surtout conformément à la loi du 2 mai, qui veut que toutes les diligences en matière électorale aient lieu *sans frais*. C'est ainsi que l'entendait d'abord la préfecture. Quelques membres du bureau consultatif s'étant présentés munis de procurations notariées ou sous seing privé, mais sur timbre et revêtues des visas et légalisations des maires et sous-préfets, on leur dit positivement dans les bureaux que c'étaient bien des soins et des frais inutiles, et qu'une simple lettre adressée au porteur des pièces était suffisante.

On procédait donc sur la foi de ces errements et de ces déclarations précises, lorsque, le 27 septembre, à 2 heures, plusieurs dossiers sont refusés, attendu que ceux qui les présentent, munis seulement de simples lettres missives, ou de mandats sous seing privé des parties intéressées, n'ont pas pris soin de faire viser la signature par les maires des communes, et légaliser la signature des maires par le sous-préfet.

Le bureau consultatif, instruit aussitôt de cette inconcevable mesure, refuse d'y croire. M. E. Aroux, avocat, qui lui-même avait reçu le mandat de déposer les pièces de plusieurs électeurs de l'arrondissement de Neufchâtel, se transporte dans les bureaux de la préfecture, où ses dossiers sont rejetés en vertu de cette fin de non recevoir qu'on vient d'improviser si brutalement. Introduit, sur sa demande, dans le cabinet de M. le préfet, il témoigne à ce fonctionnaire sa juste surprise d'une mesure adoptée au dernier moment, sans aucun avertissement préalable, et contraire à tout ce qui avait été constamment pratiqué et déclaré jusque alors. Il fait observer que, par rapport à ses commettants, qui demeurent dans diverses communes rurales plus ou moins éloignées du chef-lieu, il est physiquement impossible de faire régulariser leurs procurations avant le 3o septembre, et que leurs droits vont être infailliblement sacrifiés. N'est-il pas à craindre qu'on ne voie dans cette exigence si extraordinaire, et surtout si tardive, à une époque où les productions affluent, un véritable piége tendu aux électeurs? — M. de Vanssay répond qu'il a été trop bon jusqu'à ce jour; qu'il aurait dû exiger des procurations notariées; que c'est par suite de sa trop grande facilité qu'on a été admis à déposer les pièces de tiers sur la représentation d'une simple lettre; qu'on en a abusé, et qu'au surplus il n'entend par se départir désormais de ses instructions, qui sont précises à cet égard. — Au moins ne pourrez-vous refuser les pièces jetées sous enveloppe à votre adresse dans la boîte aux pétitions? — Oui, si une procuration dûment légalisée n'y est pas jointe (1). — Alors je vais ré-

(1) En effet, MM. *Lesage* et *Selingue* de Bolbec, dont les pièces avaient ainsi été jetées dans la boîte de la préfecture, le 3o septembre, les reçurent, quelques jours après, par l'entremise du maire de leur commune, accompagnées d'une petite lettre sans date ni signature, portant que « lesdites pièces n'avaient pas été reçues *faute de pouvoirs suffisants*, et que des *abus* avaient forcé l'administration de prendre cette mesure de *précaution* ». — Cette mesure de *précaution* était

diger une pétition pour vous signaler les citoyens qui m'ont adressé leurs pièces comme aptes à être inscrits sur les listes du jury, et joindre leurs extraits à ma pétition comme pièces justificatives. — On recevra la pétition sans les pièces; et, comme il s'agit *de tiers* dont vous n'avez pas qualité pour réclamer l'inscription, je laisserai votre pétition sans réponse. — Mais, monsieur le préfet, veuillez voir que je suis mandataire; que je ne dois rien négliger pour conserver les droits de mes commettants, à la veille d'être sacrifiés. Que voulez-vous que je fasse? — Vous agirez, Monsieur, comme vous l'entendrez. Vous ferez du bruit, du scandale, des pétitions aux chambres, mais je ne recevrai pas les pièces que vous me présentez...... Et M. le préfet, rassuré sans doute par la perspective d'un ministère prompt à récompenser tous les *excès de zèle,* et d'une chambre aussi facile que celle de 1824, semblait défier toutes les réclamations possibles.

Il ne restait plus qu'un moyen, sinon d'échapper à ce qu'on peut justement qualifier de guet-apens électoral, du moins de constater la réclamation d'inscription sur les listes formée en temps de droit, afin de se ménager les moyens d'obtenir peut-être justice plus tard.

Une requête fut présentée à M. le président des vacations pour commettre un huissier à cet effet, car il faut dire qu'en tout ce qui concerne *l'église* et les *élections,* les huissiers ont reçu défenses expresses du procureur du

---

réellement très *préventive ;* mais on défie l'administration de citer aucun *abus* né des procurations par simples lettres , à moins qu'elle n'ait considéré comme abusive l'affluence inespérée des demandes en inscription qu'on remarquait dans les derniers jours de septembre.

roi de prêter leur ministère, à moins d'être commis par justice; cette requête ayant été favorablement répondue (1), trois sommations furent successivement faites, le 29 et le 30 septembre, à M. le préfet, de recevoir les pièces de *trente-quatre* électeurs dont les mandats n'avaient pas été trouvés suffisants dans ses bureaux. Procès-verbal fut dressé du nouveau refus de ce fonctionnaire.

Ce second refus était encore, s'il est possible, plus mal fondé que le premier; car un officier ministériel, porteur de pièces, est très authentiquement constitué mandataire à l'effet d'agir en vertu de ces mêmes pièces. C'est ce qu'ont positivement déclaré, notamment en matière électorale, deux arrêts de la cour de Toulouse, des 13 et 15 novembre, rapportés dans les nᵒˢ 707, 708 et 711 de la *Gazette des Tribunaux*.

Cependant les trente-quatre électeurs ainsi violemment éliminés s'étaient pourvus d'abord devant le ministre, et puis devant le conseil d'état, pour obtenir leur inscription sur les listes, et rien n'avait encore été statué sur leurs requêtes, lorsque fut publiée l'ordonnance du 5 novembre. *Vingt* d'entre eux se hâtèrent d'envoyer à Rouen des procurations authentiques ou dûment légalisées, et, comme leur réclamation était constatée avant le 30 septembre, il fallut bien cette fois les admettre : ils recueillirent les fruits de cette sommation par huissier, qui était une nécessité rigoureuse dans la position donnée, et que pourtant la préfecture envisagea comme une scandaleuse audace.

_____

(1) Les électeurs d'Évreux furent moins heureux auprès du président de leur tribunal : il refusa de commettre un huissier pour faire une sommation au préfet de l'Eure. Mais ils se pourvurent devant la cour de Rouen, et M. le président Carel fit droit à leur requête.

Mais les *quatorze* autres, pris de nouveau au dépourvu par l'ordonnance du 5 novembre, ou découragés par les difficultés qu'ils avaient déjà éprouvées, renoncèrent à faire de nouvelles justifications ou produisirent trop tard ; de sorte que, s'il est possible de croire que la consigne brusquement donnée aux commis de la préfecture, le 27 septembre, était un guet-apens destiné à étouffer les droits d'un assez grand nombre de citoyens, cette déloyale combinaison n'a pas entièrement manqué son effet.

Radiations arbitraires.

Comme, d'après la nouvelle loi, les listes doivent être essentiellement dressées d'office, ceux-là seuls qui ne s'y voient pas portés sont en demeure de réclamer leur inscription ; ceux, au contraire, qui y ont été une fois inscrits n'ont aucune justification ultérieure à produire, et ils ne peuvent perdre que par une décision motivée, dûment notifiée et susceptible d'opposition et d'appel, le bénéfice du droit qui leur est désormais acquis par le seul fait de leur inscription. C'est la disposition précise de l'art. 5 de la loi du 2 mai 1827, et c'est ainsi que l'ont appliquée deux arrêts de la cour de Toulouse des mêmes dates et qui se trouvent dans le même journal que ceux qu'on a cités ci-dessus.

D'après ce système, l'administration ne pouvait rayer ceux qu'elle avait portés d'office sur les listes du 15 août, que par des décisions individuelles, motivées sur ce que, d'après de nouvelles vérifications, ou sur les réclamations des tiers, elle aurait reconnu que ces individus n'avaient pas réellement les capacités légales.

Dans une pétition du 24 septembre, plusieurs électeurs avaient demandé que la loi fût exécutée en ce sens.

Cependant, dans les listes affichées le 6 octobre, on voit

neuf retranchements motivés seulement sur le défaut de justifications, et opérés sans décisions légalement notifiées. N'est-ce pas une évidente infraction de la loi (1) ?

Exigences illégales.

Sous ce titre il faut ranger la nécessité d'un pouvoir notarié, ou du moins visé et légalisé, pour le dépôt des pièces. On a déjà démontré l'illégalité de cette prétention.

— Dans les premiers jours d'octobre, M. *Mancel*, dont la préfecture avait rejeté quelques uns des extraits, à raison de l'insuffisance prétendue de leurs désignations, ayant présenté une pétition sur papier libre avec de nouvelles justifications, on refusa de recevoir cette pétition, attendu, lui dit-on, qu'après le 30 septembre les difficultés en matière d'élection devaient se traiter comme toutes les affaires administratives, c'est-à-dire par pétitions en double original, dont l'un sur *papier timbré*. Quoique la loi porte d'une manière absolue que les réclamations seront

_____

(1) Lors de la discussion de la loi à la chambre des pairs, M. le duc Decazes demandait qu'un amendement mentionnât que chaque radiation devait être spéciale et signifiée à l'électeur rayé. M. le comte Siméon, rapporteur, répondit : « Nous ne pensons pas que la loi doive être assez minutieuse « pour exprimer *ce qui est de droit et de raison*, qu'on ne « doit pas rayer en masse ou par une décision clandestine ou « non signifiée : dès lors cet amendement est inutile. » D'après cette explication, M. Decazes abandonna sa demande (chambre des pairs, séance du 30 janvier 1827, *Moniteur*, page 138). — On voit que, vis-à-vis de certains préfets, il n'est pas d'amendements trop minutieux pour leur faire exécuter *ce qui est de droit et de raison.*

instruites *par simples mémoires et sans frais*, il a bien fallu se soumettre à cette fantaisie. Même chose advint encore à un autre réclamant; mais alors le bureau consultatif ayant été informé de cet abus, et un de ses membres ayant réclamé près du préfet, il ne se renouvela plus.

— Le 2 novembre, le sous-préfet de Dieppe (M. Vielcastel) refusait de légaliser la signature apposée au pied d'une procuration, attendu que *le nom du mandataire était laissé en blanc*: comme si l'usage de pareils procurations n'était pas légal; comme si, surtout lorsqu'il s'agit seulement de reconnaître et d'attester la vérité d'une signature, on avait à s'occuper du contenu de l'acte auquel elle est apposée. Cependant, pour ne pas perdre le temps en disputes, on a rempli le nom, et la légalisation a été octroyée.

Dénis de justice.

— Refus de statuer sur les pétitions collectives; fin de non recevoir empruntée à la jurisprudence de la chambre septennale.

— Défense aux percepteurs de délivrer de nouveaux extraits après le 30 septembre (1). Voici à cet égard ce qui est arrivé au sieur Mancel. Il avait déposé ses extraits à la mairie de Rouen, pour les faire certifier conformément à la loi. Ces extraits furent transmis à la préfecture, et l'agent de la mairie lui affirma qu'ils étaient parfaitement en règle. Cependant, le 30 septembre, à 10 heures du soir, on lui notifie un arrêté par lequel le préfet rejette deux de ses

---

(1) *Le 13 novembre*, M. Deville, percepteur à Rouen, a refusé de délivrer au sieur *Th. Beaufour* ses extraits.

extraits, attendu qu'ils ne portent pas l'attestation du maire qu'il possède depuis plus d'une année les biens y désignés. M. Mancel court à la préfecture pour demander la remise des deux extraits, afin de les faire régulariser. On lui répond que les deux extraits, tenant nature d'archives, ne peuvent lui être remis. Il va à la mairie réclamer un certificat constatant sa possession plus qu'annale; on lui répond qu'on ne peut apposer ce certificat qu'au pied d'extraits dûment en forme. Enfin il va chez le percepteur pour obtenir des extraits par duplicata ; on lui répond qu'il y a défense absolue et générale de la part du préfet d'expédier aucun extrait des rôles. Dans cette extrémité, M. Mancel produit ses titres d'acquisition, qui remontent à plus de 25 ans, et il parvient ainsi à faire ses justifications, rendues impossibles par toute autre voie. Il est d'ailleurs à remarquer que la propriété des biens relatés aux deux extraits contestés appartient notoirement depuis longues années au réclamant. Depuis 1816, il avait été admis sur les listes électorales à raison des mêmes maisons ; et, comme elles avaient été consumées par un incendie en 1822, le préfet avait eu à délibérer à cette époque sur une demande en exemption d'impôts motivée par cet événement désastreux (1). Il y avait donc à l'égard de cette possession plus qu'annale notoriété administrative.

_____

(1) M. Mancel, infirme, avait chargé son gendre des démarches nécessaires pour parvenir à son inscription. Celui-ci affirme n'avoir pas fait moins de quatre lieues dans la ville, sans cesse ballotté de la préfecture à la mairie, et de la mairie chez le percepteur. M. Martin, électeur du Houlm, commune à la porte de Rouen, disait au bureau consultatif qu'il avait fait plus de trente lieues dans ses diverses courses, seulement chez le maire, le percepteur et à la préfecture, et encore, pris

— Le 7 novembre un électeur présente contre l'inscription de M. Ch..., porté sous le n° 35 de la liste du 2ᵉ arrondissement, une réclamation ayant pour objet d'abord de le faire rejeter du grand collége, vu la vente de plusieurs de ses propriétés; et, en second lieu, de le faire porter dans le collége d'arrondissement de Rouen *intra muros*, parce que c'est là qu'il a son domicile réel et qu'ayant vendu le domaine qu'il possédait dans l'arrondissement *extra muros*, et n'y payant plus aucun impôt, son domicile politique s'est trouvé réuni de plein droit à son domicile réel.

Sur la première partie de la pétition, M. le Préfet déclare que, vérification faite des pièces produites par M. Ch..., il est constant qu'il paie une somme d'impôts supérieure au cens du grand collége; mais sur la seconde partie il ne donne aucun motif, et cependant il rejette la réclamation. Une pétition itérative relativement au domicile politique de M. Ch... est encore demeurée sans solution.

— Madame veuve M., de Rouen, avait délégué ses impôts à M. Brunet, du Havre, son gendre. Comme le temps manquait pour faire venir la procuration de celui-ci, ce fut madame M... qui donna mandat authentique à un électeur pour requérir l'inscription de son gendre. Cette demande fut rejetée, « attendu que ce n'est pas à la belle-mère à réclamer l'inscription de son gendre, mais au gendre lui-même ».

---

au dépourvu le 14 novembre, il n'a pu être porté sur les listes. Qu'on juge, après cela, des peines qu'ont éprouvées les électeurs du fond des campagnes, et combien ont dû s'arrêter découragés dans cette lutte fatigante.

— Ce sont là sans doute des dénis de justice bien caractérisés ; mais quel nom donnerons-nous au fait suivant, s'il est aussi vrai que nous avons lieu de le croire : *M. Bottier*, négociant à Rouen, affirme que, le 14 novembre, dans les bureaux de la préfecture, on a rejeté des extraits, qui devaient le faire entrer au grand collège, parce que ces extraits portaient seulement *propriétaire depuis le 13 novembre 1826*, et non pas *depuis plus d'une année* ! !

— Après le tardif avertissement donné à tous les citoyens par l'ordonnance du 5 novembre, le bureau consultatif se hâta de rassembler les documents relatifs à certaines inscriptions qu'on lui signalait comme faites indûment ; mais les pétitions individuelles que présentèrent quelques uns de ses membres ne purent arriver toutes à la préfecture cinq jours avant le 14 novembre, de sorte qu'elles n'avaient pas dû être nécessairement examinées par le préfet avant ce jour. Cependant comme ce fut ce jour-là qu'il choisit pour la clôture de ses listes de rectification, au lieu de statuer ensuite sur les réclamations qui avaient été faites, il y répondit par des arrêtés qui déclarent qu'il n'a plus à s'occuper de ces réclamations, vu la clôture des listes, et que c'est aux chambres et au conseil d'état qu'elles doivent désormais être portées.

La loi n'est pas assez précise sur les réclamations formées à la veille de la clôture des listes, ou après cette clôture, pour que nous puissions qualifier précisément de déni de justice cette fin de non recevoir qu'on peut nommer la patronne des intrus : nous appelons seulement sur ce point l'attention de nos législateurs.

Mais c'est cette clôture du 14 novembre, aussi brusque qu'inattendue, que nous n'hésitons pas à présenter elle-même comme un manisfeste déni de justice.

Journée du 14 novembre.

Jusqu'à la publication de l'ordonnance du 5 novembre, la prochaine convocation des chambres fut soigneusement dissimulée par l'administration. Plusieurs arrêtés d'élimination notifiés après le 30 septembre mirent quelques électeurs dans la nécessité de produire de nouvelles justifications dans le courant d'octobre. Ils demandaient à être portés sur la liste supplémentaire à publier en cas d'élection; surtout ils demandaient une prompte décision, afin de pouvoir exercer utilement un pourvoi, si cela était nécessaire. Ils n'obtinrent dans les bureaux que des ajournements (1) et des réponses évasives. *Je ne sais, je ne puis vous dire*, répondait le secrétaire intime; *au surplus il n'y a pas péril en la demeure.* C'était huit jours avant l'ordonnance de dissolution.

Ce n'est donc qu'à compter du 7 que les citoyens ont été légalement avertis et mis en demeure de faire leurs productions, soit pour compléter des justifications insuffisantes faites avant le 30 novembre, soit pour faire reconnaître des droits nouveaux acquis depuis cette époque. Avant ce moment, si l'on avait eu la prévision de la dissolution des chambres, aucune justification n'était possible, car, à partir du 30 septembre, il fut interdit aux percepteurs de délivrer des extraits.

---

(1) La préfecture soutient qu'après le 30 septembre, elle n'est plus obligée de statuer, dans les cinq jours, sur les productions supplétives qui lui sont faites. Voilà encore un point à régler. En ajournant les décisions à la veille des élections, on prive les pétitionnaires de l'exercice utile du droit de pourvoi.

Cependant l'administration était avertie.

On sait que des démarches furent faites auprès de quelques percepteurs pour obtenir les extraits d'impositions de certains retardataires sur lesquels l'administration croyait pouvoir compter. Il n'en fallait pas davantage pour faire supposer qu'on se préparait sans doute à les faire entrer sur les listes, malgré leur défaut de réclamation antérieurement au 30 septembre.

Les premières listes de rectification furent vues à la mairie le 9, de sorte que l'administration avait agi d'office en faveur de *certains* électeurs, tandis qu'aux autres, tous moyens de conserver leurs droits avaient été interdits.

Lors de la publication des listes de rectification, on ne donna aucun avis au public que d'autres listes seraient encore publiées, et que ceux qui avaient réclamé avant le 30 septembre, ou bien acquis depuis de nouveaux droits, pouvaient présenter leurs titres. On dit même d'abord dans les bureaux que les productions nouvelles ne seraient pas reçues. Aucun avis ne fut publié pour annoncer le jour de la clôture des nouvelles listes.

Supposez des citoyens ayant des propriétés sur les différents points de la France: comment en quelques jours demander, faire venir et produire ses extraits avec légalisation, etc.? Beaucoup de citoyens ont donc été réduits à l'impossibilité d'user de leurs droits électoraux.

Quelques uns dont les biens étaient situés soit dans ce département, soit dans les départements limitrophes, se mirent immédiatement en devoir de réunir leurs pièces. Plusieurs demandes furent formées et accueillies; mais le 14 novembre à 2 heures, plusieurs pétitionnaires s'étant présentés à la préfecture, on refusa leurs pièces, attendu que les listes étaient closes depuis onze heures du matin. Toutes instances furent vaines, et quoique aucun avis pu-

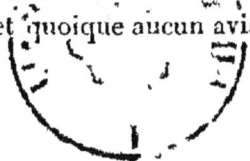

blic, quoique aucun avis particulier donné dans les bureaux n'eût fait connaître d'avance cette détermination (1), quoique le *Moniteur* eût annoncé que les productions seraient reçues *jusqu'au dernier moment* (ce qui a été en effet pratiqué dans quelques préfectures), les réclamants furent évincés.

D'où vient donc cette clôture à l'improviste ce jour-là, mais surtout précisément à 11 heures du matin, lorsque les bureaux ne se ferment habituellement qu'à 4 heures ? Il serait bien déloyal d'avoir précipité ce jour-là la ferme-ture des bureaux, parce qu'on avait pu observer que les membres du bureau consultatif ne se réunissaient qu'à 2 heures, et que chaque jour vers 4 heures arrivait une nou-velle émission d'incommodes pétitions.

Cinq électeurs tombés dans cette embuscade firent som-mation extrajudiciaire à M. le préfet de recevoir leur piè-ces; mais elle fut accueillie par un refus formel, et servit seulement, stérile et misérable avantage! à constater que ces cinq citoyens (2) avaient tout fait pour faire prévaloir

---

(1) Il est à remarquer qu'un électeur, membre du bureau consultatif, ayant présenté individuellement une pétition con-tre quatorze citoyens à tort, suivant lui, inscrits sur les listes, M. le préfet lui fit notifier, le 15, un arrêté par lequel, avant de statuer sur cette pétition, il demandait qu'elle fût rédigée en autant d'exemplaires qu'il y avait d'individus dont l'inscrip-tion était attaquée. C'était le 15 que cette notification était faite, sans qu'aucun délai fatal fût indiqué pour s'y conformer, et c'était le 14, à onze heures du matin, qu'on fermait les bureaux à toute réclamation.

(2) Ce sont MM. *Hardivillié Bienfait*, *Léguillon*, *Sellingué fils*, *Martin*, auxquels il faut joindre MM. *Bottier*, *Poullain*, *Bottentuit* et *Beaurain* frères, qui, sans faire de sommation

leurs droits, et que la loi avait été impuissante pour les protéger contre l'arbitraire.

Délégations légales rejetées.

Comme l'ont déclaré les cours royales, il résulte de la loi du 29 juin 1820, sainement et *loyalement* (1) entendue, qu'à défaut de fils ou de petit-fils capable d'user du droit électoral, les veuves peuvent déléguer leurs impositions à leurs gendres. Cependant, ainsi que les autres préfets, M. de Vaussay a rejeté ces délégations toutes les fois qu'il existait des fils ou petit-fils, fussent-ils même au berceau; il a aussi rejeté une délégation faite par une veuve n'ayant ni fils ni petit-fils, au profit du mari de sa petite-fille, parce que celui-ci n'est pas gendre, mais *petit-gendre*, et que la loi ne parle que des gendres, de sorte que la langue elle-même doit s'enrichir d'un nouveau mot pour se prêter aux distinctions sophistiques des jurisconsultes de la préfecture.

Il faut bien supporter ces absurdes et déloyales interprétations de la loi, puisque, grâce à la magique vertu des conflits, on est parvenu à évoquer violemment la question au conseil d'état, et que là les ministres l'on fait décider de manière à restreindre encore le nombre déjà si faible des citoyens chargés de stipuler, dans les collèges électoraux, les intérêts de la France entière.

Ainsi dans ce département 17 gendres se sont trouvés

---

extrajudiciaire, se bornèrent, avec aussi peu de fruit, à déposer leurs pièces, sous enveloppe, à l'adresse de M. le préfet, dans la boîte aux pétitions, en présence de témoins.

(1) Exposition notable de l'arrêt de Limoges, du 13 septembre 1827.

frustrés du bénéfice de délégations essentiellement légales (1). Plus de soixante autres, avertis de l'inutilité de
leurs efforts par les conflits interjetés, ont renoncé à se
faire donner des délégations.

Ce qu'il advient des contrats civils.

— Le sieur *Huet*, en vertu d'une donation contenue
dans son contrat de mariage, jouit en usufruit de moitié
des biens laissés en mourant par sa femme : ces biens ont
été portés sur les matrices de rôles sous le nom de ses trois
enfants, auxquels en appartient la nue propriété; mais
l'énonciation des rôles n'attribuant par elle-même aucun
droit, et le cens électoral devant profiter à l'usufruitier,
le sieur Huet produisit les extraits de ces biens avec plusieurs autres, à l'effet d'être inscrit sur les listes du petit et
du grand collège. *Premier arrêté* par lequel la préfecture
l'admit pour 438 fr. 95 c. résultant de ses autres extraits ;
mais elle rejeta les extraits de son usufruit. Alors le sieur
Huet produisit son contrat de mariage pour prouver son
droit à cet égard. *Second arrêté* qui confirme le premier,
« attendu que la production des titres civils ne peut suppléer aux attestations légales, en ce que le sieur Huet eût
pu céder ou abandonner ses droits d'usufruit sur les biens

---

(1) Ce sont MM. *Durécu, E. Aroux, Lenormand, Boni,
Prevost, Létournelle, Lefébure, Legras, Pinel, Guian,
Moinet, Brunet, Pimont, Collet de Cautelou, Homberg,
Lejanvre.* L'honorable M. Peton, qui, pour donner l'exemple,
avait le premier saisi la cour, s'est trouvé seul à l'abri de l'interdit jeté sur les droits des gendres, parce qu'il n'avait heureusement pas besoin des contributions de sa belle-mère pour
atteindre au cens nécessaire pour le grand collège.

de sa première femme ». Alors le sieur Huet produit un acte de lots fait avec la dame Delacroix sa fille, et constatant que son droit d'usufruit a été reconnu et conservé lors de son partage avec ses enfants. *Troisième arrêté* qui lui alloue 118 fr. 18 c., mais rien de plus, « considérant qu'aux termes de la loi, les extraits de rôles certifiés et attestés par les percepteurs et maires sont les pièces qui doivent servir à établir les droits pour être porté sur la liste du jury ; que l'administration ne peut entrer dans l'examen de titres de famille *qu'avec une grande circonspection ;* que cependant, le sieur Huet insistant pour qu'on les prenne en considération, on peut les admettre pour ce qu'ils prouvent lui appartenir en usufruit ; que son contrat de mariage contient bien donation de moitié en usufruit ; que l'acte de partage du 4 juillet 1815 prouve qu'il a en usufruit moitié du lot de madame Delacroix, et pour lequel on doit lui compter 118 f. 18 c.; mais que, quant aux articles sous les noms d'Auguste Huet, âgé de 24 ans, et Stanislas Huet, âgé de 26 ans, rien dans les titres produits ne prouve que les biens imposés appartiennent à ceux-ci du chef de leur mère ». — Enfin, le sieur Huet produit les actes de partages faits avec ses deux fils. Il semble que rien ne doit plus l'empêcher d'entrer au grand collége ; mais *quatrième arrêté,* qui rejette tous les extraits de son usufruit, « attendu que le *conseil de préfecture ne doit pas connaître des actes dont l'interprétation est spécialement du ressort des tribunaux,* et qu'il ne doit statuer que sur des extraits de rôles rendus authentiques pas les attestations et visas qu'exigent les instructions sur la matière (1) », et l'on invite le sieur Huet « à prouver ses

---

(1) Aucune loi, aucune ordonnance ne dit que les droits de propriété ou d'usufruit ne pourront être attestés que par les

droits en les faisant certifier par les maires sur les extraits de rôles, ou en faisant opérer la mutation (1) ».

— Le sieur Legay-Delavigne est propriétaire de maisons qu'il a louées pour trente ans moyennant un prix assez élevé, à la charge de faire toutes les réparations nécessaires, et de payer toutes les contributions ordinaires et extraordinaires. La longue durée de ce bail et ses conditions rigoureuses n'en sauraient changer la nature : c'est toujours un bail, et, en effet, lors de l'enregistrement, la régie n'a perçu que les droits fixés pour les baux. Cependant la préfecture a refusé de compter au sieur Delavigne les impôts de ces maisons, qui l'auraient élevé au grand collége, « attendu que le bail est fait pour trente ans; que le locataire est chargé des grosses réparations et du pavage, objets qui regardent les propriétaires; qu'il est chargé de payer les impositions créées ou à créer, ordinaires ou extraordinaires ; que ces clauses le *rapprochent* de l'emphytéose ou du bail à rente; que la durée du bail excède celle ordinaire, et même celle ordinaire de l'usufruit sur une seule tête ».

C'est ici non seulement interpréter les actes *sans circonspection*, mais les dénaturer avec une manifeste absurdité.

---

maires. Tous moyens de preuve sont admissibles. M. le préfet l'a reconnu lui-même dans vingt affaires de cette espèce, en prenant en considération les contrats qui lui ont été produits, notamment dans l'affaire *Mancel*.

(1) C'était réduire le sieur Huet à l'impossible : car, si, non pas le conseil de préfecture, comme le dit l'arrêté, mais le préfet, en conseil de préfecture, prétend ne pouvoir jeter les yeux sur un acte civil, le maire pourrait s'y refuser à plus forte raison; et, quant à demander la mutation des rôles, on sait que cela ne s'obtient pas du jour au lendemain. C'était ajourner à 1828 la reconnaissance du droit du sieur Huet.

Aucune loi ne limite la durée des baux consentis par un
propriétaire. Aucune loi n'interdit dans un bail les stipu-
lations relevées dans le contrat dont il s'agit. Ce contrat ne
se *rapproche* pas d'un bail à rente, puisque le bail à rente
contient aliénation à perpétuité du domaine. Il ne se rapproche pas davantage de l'emphytéose, qui comprend aban-
don pendant longues années (le plus souvent 99 ans) du
domaine utile, sous la seule réserve d'une simple rede-
vance en reconnaissance du domaine direct resté seul aux
mains du bailleur. Tant que l'emphitéose dure, l'emphy-
téote peut faire des changements, des augmentations, et
en général pratiquer tout ce qui peut rendre sa jouissance
plus commode et plus utile. La disposition la plus libre lui
est permise, pourvu qu'il ne diminue pas la valeur du fonds
concédé. Dans l'espèce, au contraire, toutes les clauses du
contrat repoussaient l'idée d'une aussi libre disposition,
puisque, par exemple, le sieur Delavigne se réservait le
droit de visiter quatre fois par an les objets loués, et avait
interdit la faculté de sous-louer sans son consentement, et
au-dessous d'un prix déterminé, avec défenses de recevoir
par anticipation les loyers de la part des sous-locataires.

Conflits.

Nous ne parlerons pas ici des nombreux conflits élevés
sur les appels interjetés devant la cour par des gendres pour
obtenir l'effet des délégations à eux consenties : M. le
préfet peut en rejeter la responsabilité sur la consigne en-
voyée par le ministère à toutes les préfectures.

Mais il est un conflit dont la conception appartient en
propre à M. de Vaussay.

On vient de voir son arrêté relatif au sieur Huet, par lequel il refuse de reconnaître les droits d'usufruit de ce citoyen, non pas en interprétant, mais en appliquant dans

leur sens direct et nécessaire ses titres de famille. Eh bien!
sur l'appel interjeté par M. Legay-Delavigne devant la
cour royale pour faire interpréter son bail, si singulièrement métamorphosé en emphytéose par la préfecture, s'a-
gissant évidemment d'une question d'interprétation de contrats et de droit civil, M. le préfet a élevé le conflit pour
transporter la cause à la juridiction administrative.

Toutefois rendons grâces à la manifeste contradiction
de cette conduite : c'est à ce conflit que nous devons et
cette énergique plaidoirie dont tous les amis des libertés
publiques ont tiré un si heureux augure sur l'avenir de
Me Thil, et surtout ce mémorable arrêt du 10 novembre,
par lequel la cour de Rouen, sous la présidence de M. Carel, maintenant les droits des citoyens et les prérogatives
du pouvoir judiciaire, a déclaré qu'en cette matière les préfets ne peuvent que proposer l'incompétence, et non jeter
arbitrairement l'interdit sur la juridiction souveraine des
cours royales. (1)

Décisions contradictoires.

—Dans la dernière liste affichée le 6 octobre, un certain
nombre d'électeurs sont portés aux retranchements *faute de
justification,* et sur toutes les listes on voit figurer un grand
nombre d'individus qui certainement n'ont fait de leur
chef aucune justification, puisqu'ils sont inscrits pour le

---

(1) Sur cet arrêt, et sur celui qui l'a suivi dans la même
affaire, et par lequel la cour se déclare incompétente, attendu
qu'il s'agit d'une difficulté sur l'impôt, le préfet a interjeté
deux nouveaux conflits. Il serait curieux d'en connaître les
motifs ; mais, au mépris des lois les plus formelles, le préfet
a refusé copie de ses arrêtés de conflit au sieur Delavigne.

même cens, chiffre pour chiffre, que sur les listes de 1824, malgré les notables dégrévements qui ont affecté depuis la propriété foncière.

— Dans l'arrêté du 30 septembre, relatif au sieur *Huet*. M. le préfet refusait d'interpréter des actes de droit civil, dont l'application directe suffisait pourtant pour reconnaître et consacrer le droit électoral de ce citoyen ; et dans l'arrêté relatif au sieur *Legay Delavigne*, il interprète un simple bail, pour le métamorphoser en bail emphytéotique, afin d'anéantir le droit électoral de ce citoyen.

— Il fait figurer sur les listes MM. Vauquelin et Bourdon, banquiers associés, en attribuant à l'un le droit fixe, à l'autre le droit proportionnel dans la patente de leur maison de commerce (1), et il refuse d'admettre sur les listes, par un partage semblable de la patente, les sieurs D'Arpentigny et Debar, également associés.

L'arrêté du 22 août, relatif à MM. D'Arpentigny et Debar, présente même une contradiction dans son propre système : il porte que, le droit de patente ne pouvant être divisé entre eux, il doit être attribué à l'un des deux exclusivement, et, par suite, au sieur D'Arpentigny, premier en nom dans la raison sociale. Rien de mieux : il en résulte, comme ledit encore l'arrêté, que M. D'Arpentigny doit

---

(1) En 1824, la patente de MM. P.... frères, associés (portés sur la liste du premier arrondissement sous les n°s 528 et 529), leur fut *fraternellement* partagée par moitié. — En 1824 et en 1827, MM. B.... et L...., associés à Rouen, furent également portés sur les listes, l'un pour le droit fixe de patente, et l'autre pour le droit proportionnel. — Même partage en 1824 entre MM. D'Arpentigny et Debar.

profiter de toutes les contributions payées par la société. De cette manière, au lieu de deux électeurs, M. le préfet n'en fait qu'un seul. Mais celui-là entrera au grand collége, si on lui compte tous les impôts payés par la société : en conséquence, par un contre-sens manifeste avec la première partie de son arrêté, M. le préfet refuse d'attribuer à M. D'Arpentigny la contribution mobilière de la filature exploitée par la société, et, attendu que l'extrait relatif à cette contribution *n'indique pas auquel des deux associés la cote mobilière de cette filature doit compter*, on ne la compte à aucun des deux (1).

— « Le droit électoral peut s'exercer au domicile réel, « *quoique l'électeur n'y paie aucune sorte de contribu-* « *tion*. La raison en est que la loi n'exige la condition du « paiement local d'une contribution directe que pour le « domicile politique séparé du domicile réel. » C'est la règle précise posée par M. de Cormenin, dans ses *Questions de droit administratif*, au mot *Élections*, et plusieurs arrêts du conseil d'état l'ont ainsi jugé. D'un autre coté, le conseil d'état vient de décider, le 11 novembre 1827, dans l'affaire *Noël*, que le droit électoral est si essentiellement attaché au domicile réel, que celui qui change son domi-

(1) Les sieurs D'Arpentigny et Debar se sont immédiatement pourvus au conseil d'état contre cette décision. L'arrêt du conseil n'a été rendu que le 14 *novembre*, et notifié aux parties que le 8 *décembre* : il décide que la patente, droit fixe et proportionnel, et les autres impôts, payés par la société, doivent entrer dans le cens électoral de chacun des associés proportionnellement à la part de chacun dans l'association, d'après l'acte de société déposé au greffe du tribunal de commerce, lequel doit être produit au préfet.

cile réel perd par le fait même son domicile politique, à moins de déclaration contraire. Ainsi, en principe général, le domicile politique est au lieu du domicile réel : ce n'est que par exception, et par une double déclaration sur les registres des préfectures, qu'on peut acquérir un domicile politique séparé, partout où l'on paie quelque impôt direct.

Ce principe a été violé par notre préfecture à l'égard du sieur *Brunet* (1), du Houlme, qui, prouvant légalement l'établissement de son domicile réel dans cette commune depuis 4 ans, a été rejeté de la liste, « attendu qu'il ne paie « aucune contribution dans cette commune ». Le principe a été également violé à l'égard du sieur *Lemaître,* qui justifiait avoir son domicile réel à Quevilly depuis longues années et y avoir exercé son droit électoral en 1824. Il a été reporté dans le collége de Rouen *, intra muros ,* « attendu qu'encore bien qu'il justifie être domicilié au « Grand-Quevilly, cette preuve est sans objet, puisqu'il « faudrait, pour qu'il eût conservé son domicile politique « dans le 2° arrondissement, qu'il n'eût pas cessé d'y être « imposé ».

Ainsi deux voix ont été détachées de la majorité si justement acquise à M. Petou (2).

---

(1) L'exemple du sieur Brunet est une preuve du découragement moral inspiré à certains électeurs par les difficultés suscitées par la préfecture. Il avait bien relevé à Paris les extraits de ses contributions ; mais , sa demande ayant été rejetée, toutes les démarches qu'on a pu faire n'ont pu le déterminer à venir à Rouen signer une requête d'opposition contre l'arrêté qui l'évinçait si injustement. Il a mieux aimé abandonner son droit que le défendre.

(2) Il est vrai que, par une sorte de compensation, on lui a

Sans doute une erreur de droit devrait peu surprendre
de la part des jurisconsultes de l'administration. Mais il y
a ici autre chose qu'une erreur de droit: car, tandis que la
préfecture éliminait ainsi du collége *extra muros* deux
électeurs qui y avaient leur domicile réel, et qui n'avaient
fait aucune déclaration d'établissement de domicile politique en un autre lieu, on admettait dans ce même collége
M. Ch..., sous le n° 35, encore bien que cet électeur, ayant
vendu le domaine qu'il possédait dans l'arrondissement
extrà muros, n'y paie plus aucun impôt; on y ins..rivait
également le sieur D..., sous le n° 250 qui, d'après la liste
elle-même, n'y paie aucun impôt, puisque *toutes* ses contributions sont indiquées dans le Calvados. Ainsi d'une
part les jurisconsultes de la préfecture ne veulent pas admettre le domicile politique fondé sur le domicile réel, et,
d'autre part, ils le reconnaissent existant sans aucune as-
siète, sans aucun siége !

Quelle est la cause de ces choquantes contradictions ?
Comment surtout est-il advenu que, de toutes ces décisions discordantes, celles qui consacrent le droit électoral
concernent des citoyens dont l'administration espérait obtenir les votes, tandis que celles qui refusent ce droit concernent des citoyens qu'elle savait appartenir à l'opposition ? Pour ne voir là qu'un pur effet de méprises acciden-
dentelles, et non une combinaison systématique, il faudrait

---

donné le sieur *Leguillon*, qui a, depuis plusieurs années, son
domicile réel à Caudebec. Cet électeur, qui s'attendait à vô-
ter à Ivetot, a été fort surpris de se trouver, sur les listes, dé-
porté dans l'arrondissement de Rouen *extra muros*. Il a réclamé sa réintégration dans l'arrondissement d'Ivetot; mais
sa pétition n'a pas été répondue.

sans doute penser que le hasard, si aveugle en toute autre
chose, est doué, en politique, d'un rare discernement.

O quantum est subitis casibus ingenium.

Fausseté des listes.

Les listes électorales sont publiées afin que chaque ci -
toyen, pouvant les vérifier personnellement, s'assure par
là même qu'il n'y figure que des individus vraiment capa-
bles. De là les désignations spéciales de chaque nature
d'impôt; de là la colonne où sont indiqués les impôts
payés hors le département. (Art. 3 de la loi du 29 juin
1820.) Omettez quelques unes de ces désignations, et vous
viciez les listes, vous détruisez le principe de la publicité,
en rendant toute vérification impossible aux citoyens.

A cet égard, l'administration de la Seine-Inférieure a
commis deux graves infractions à la loi :

1° En parcourant les listes, on s'est aperçu qu'un assez
grand nombre d'individus, spécialement des fonctionnaires
publics, qui ne possèdent pas de biens dans le département, étaient néanmoins portés pour des impôts qui les
élevaient au grand collége, sans qu'on vît l'indication du
département de la situation des biens.

Le 10 novembre, neuf électeurs présentèrent pétition à
M. le préfet pour demander que sur les listes de rectifica-
tions on indiquât les départements où étaient imposés
trente-cinq électeurs qui, d'après toutes les informations
prises par les pétitionnaires, ne possédaient notoirement
aucuns biens dans la Seine-Inférieure, ou n'en possédaient
que d'une importance très faible relativement à la quotité d'impôts qui leur était attribuée. — Les citoyens signalés étant fonctionnaires publics, disaient les pétitionnaires, la loyauté de l'administration lui fait un devoir de

rendre surtout précises et légales leurs inscriptions sur les listes.—Cette pétition est demeurée sans réponse, attendu qu'elle était collective ; mais sur le dernier tableau de rectification, publié le 15 novembre, on vit par *post-scriptum* l'indication des départements étrangers où douze des individus signalés paient, dit-on, leurs impôts.

Reste à savoir pourquoi ces indications indispensables n'ont pas été faites pour tous les individus signalés dans la pétition, et surtout pourquoi elle n'avait pas eu lieu en même temps que l'inscription, et s'il est bien nécessaire de croire à la sincérité d'indications données *in extremis,* à la veille de l'ouverture du collége, et lorsque évidemment toute recherche était devenue impossible.

2° En comparant les listes de 1827 à celles de 1824, on remarqua que, malgré les dégrévements considérables opérés sur la propriété foncière, un grand nombre d'individus portés et maintenus d'office étaient inscrits pour la même quotité d'impôt, chiffre pour chiffre, qu'en 1824. Évidemment il y avait erreur, et cette erreur pouvait, surtout pour le grand collége, vicier singulièrement les listes, puisque, le cens de ce collége s'élevant, en 1827, à 1,057 f., et les dégrévements ayant été du cinquième ou même du sixième, il était constant que ceux qui payaient jusqu'à 1,200 fr. en 1824 ne devaient nécessairement plus payer 1,057 fr. en 1827 (1).

Quelques individus, entre autres, à rejeter du grand collége, par suite des dégrévements survenus depuis 1824,

---

(1) Ces inscriptions de 1824 sont à juste titre suspectes. Les intrusions nombreuses de cette époque sont avérées. Nous pourrions citer, entre beaucoup d'autres, un fonctionnaire public qui, ayant voté en 1824 dans un arrondissement, au

furent signalés dans une pétition qui ne fut signée que d'un seul électeur, pour ne pas encourir la fin de non recevoir des pétitions collectives. Mais on ne put l'éviter.

Voici la réponse notifiée au pétitionnaire par le maire de Rouen le 13 novembre :

« Monsieur, vous avez adressé à M. le préfet une réclamation contre divers électeurs qui, selon vous, n'ont fait aucune justification, et ont été portés sur la liste du jury avec le cens de 1824. — Ce magistrat m'a chargé de vous faire savoir que, cette réclamation étant *collective*, il examinera de quelle suite elle est susceptible, dès que vous lui adresserez autant de pétitions que de noms d'électeurs dont vous attaquez l'inscription. — M. le préfet m'a encore engagé à vous dire que, vérification faite des pièces concernant les électeurs dont il s'agit, il a été reconnu qu'ils paient *une somme d'impôts suffisante* pour faire partie tant du collège de département que de celui de l'arrondissement d'Ivetot. »

Le pétitionnaire répondit à son tour à M. le préfet :

. . . .

« D'abord, ma pétition n'est pas *collective*, puisqu'elle est signée de moi seul ; et, fût-elle collective, aucune loi, aucune raison, n'autoriserait à l'écarter par ce seul motif. — La grammaire a-t-elle subi aussi quelques modifications semblables à celles qui ont atteint nos institutions, et supposez-vous que ma pétition est collective parce qu'elle concerne plusieurs individus? Dans ce cas-là même, aucune loi, aucune raison, n'exige autant de pétitions que la réclamation peut embrasser

---

moyen du cens qui lui avait été attribué d'office, n'a figuré sur aucune liste cette année, quoique aucun changement ne se soit opéré dans sa fortune, qui n'a jamais consisté qu'en capitaux.

de chefs divers. — Si l'instruction doit être contradictoire avec chacun des intéressés, la préfecture a des commis, et peut faire notifier à chacun copie de ma pétition, *parte in quâ*...... Au reste, l'on voit assez, par la lettre de M. le maire, quel sort est réservé à mes réclamations, puisque cette lettre porte que, *vérification faite des pièces concernant les individus dont il s'agit, il a été reconnu qu'ils paient somme suffisante pour faire partie tant du collége de département que du collége d'arrondissement.* Mais ce n'est pas là une décision satisfaisante. Les listes, relativement aux individus que je signale, portent, chiffre pour chiffre, le cens de 1824. J'ai dit qu'il était impossible que ces énonciations fussent justes encore en 1827, vu les dégrévements opérés depuis 1824. Par cette seule observation j'ai démontré la fausseté de ces énonciations. Maintenant vous déclarez, M. le préfet, que, vérification faite, les individus dont il s'agit paient sommes suffisantes pour entrer au collége. Mais quelle est la quotité précise de ces sommes? Il est prouvé que ce ne peut être la quotité de 1824, celle portée sur les listes. Quelle est donc la cote réelle du cens de ces individus? Vérification faite, la préfecture le sait, je le veux croire; mais les citoyens ne le savent pas : car, pour les citoyens, les listes seules font foi, et l'énonciation des listes est démontrée fausse, en ce qui concerne les individus dont il s'agit. Toute la question est donc de savoir si des individus quelconques participeront au droit électoral, sans que la publicité de droit ait été donnée à leur cens; et, lorsque la préfecture seule aura pû, dans le secret de ses bureaux, faire la vérification de leur cote d'impôt. Je pose la question; la loi la résout; et vous, M. le préfet, vous dressez les listes sous votre responsabilité. »

La clôture des listes faite le 14 *in statu quo* a été la seule réponse donnée à cette réclamation.

Intrus.

Un grand nombre d'intrus ont été signalés à l'administration par des pétitions où l'on a réuni tous les renseignements, toutes les graves présomptions qui s'élevaient contre leur capacité électorale. On citait les actes authentiques par lesquels quelques uns avaient vendu leurs biens. On indiquait des jugements qui avaient constitué quelques autres en état de faillite. Pour d'autres, inscrits pour des patentes, on alléguait leur cessation notoire de commerce. Il est bien évident que les tiers, ne pouvant ni relever des actes notariés ou des jugements, ni obtenir des percepteurs extraits d'impôts qui leur sont étrangers, ne peuvent par-là même produire d'autres preuves. C'est à l'administration, avertie par les réclamations, à prendre les informations convenables pour s'assurer du droit de ceux dont l'inscription est attaquée.

Cependant, par un renversement de cet ordre de choses qui est aussi *de droit et de raison*, les arrêtés rendus sur des réclamations de cette espèce sont motivés, non pas sur ce que, vérification faite, les allégations des réclamants ont été reconnues sans fondement, et le droit des inscrits constaté, mais uniquement sur ce que les réclamants *ne fournissent aucune preuve à l'appui de ce qu'ils avancent* (1).

Une fois seulement l'administration a suivi une marche plus légale et plus rationelle :

Nous avons dit qu'un électeur avait réclamé contre le partage du droit de patente entre les sieurs Vauquelin et

_____

(1) Quelques arrêtés de cette espèce ajoutent, il est vrai, à ce motif, que d'ailleurs, *nouvelle vérification faite des pièces*, l'individu dont la capacité était critiquée est reconnu payer le cens nécessaire : tels sont notamment les termes d'un arrêté du 13 novembre, relatif à M. Marcelin de Saint-Victor. Eh bien ! M. Marcelin de Saint-Victor, qui, après avoir vendu

Bourdon, associés : cette réclamation eut pour résultat le retranchement du premier dans un *errata*. La société étant dissoute, et le sieur Bourdon ayant continué les affaires à son nom, la totalité de la patente devait lui appartenir. Mais jusqu'à cette dissolution, qui ne remontait pas à plus d'une année, cette patente n'avait pu compter qu'à l'associé premier en nom, conformément à la jurisprudence de M. le préfet dans l'affaire Debar et D'Arpentigny. Le sieur Bourdon ne pouvait donc user de cette contribution, qu'il ne payait en son nom que depuis dix mois; il y avait donc lieu de la lui retrancher, ce qui l'excluait du grand collége. Ce fut l'objet d'une seconde pétition, à laquelle un arrêté du 31 octobre répondit qu'*aucune preuve n'étant fournie à l'appui de la demande, le réclamant en était débouté.*

Pour preuve de son assertion, le pétitionnaire produisit alors deux circulaires de MM. Vauquelin et Bourdon, et d'eux signées, l'une portant que leur société était dissoute à partir du 31 décembre 1826, l'autre que le sieur Bourdon restait chargé de la liquidation, et devait opérer pour son compte *à partir du mois de février suivant.* Cette preuve était sans réplique; cependant M. le préfet, sans rendre d'arrêté, écrivit, le 12 novembre, au pétitionnaire, par l'entremise de M. le maire, qu'il avait autorisé le percepteur à lui délivrer, s'il le réclamait, les extraits du sieur Bourdon

---

une partie de ses biens à M. De Solliers, ne payait plus le cens nécessaire pour entrer au grand collége, a eu la loyauté de s'abstenir d'y paraître, quoique son nom ait été maintenu sur la liste, *vérification faite des pièces....* qu'il n'avait certainement pas produites en 1827, puisqu'il était inscrit avec le même cens que sur les listes de 1824.

Inutilement fit-on observer à M. le préfet que toutes les énonciations possibles sur la matrice des rôles ne pouvaient l'emporter sur un fait de notoriété publique, sur la preuve écrite et signée du sieur Bourdon lui-même : cette inscription illégale fut maintenue.

Dans cette circonstance, les extraits de rôle ne prouvaient rien : pourquoi donc est-elle la seule où l'on ait été autorisé à les relever? pourquoi n'en a-t-il pas été de même pour cette foule de réclamations où ils auraient éclairci tous les doutes? Certes on ne peut pas en conclure rigoureusement que c'est que, pour toutes les autres, les énonciations des rôles seraient venues détruire, et non confirmer les inscriptions contestées; mais enfin il est remarquable que M. le préfet ait reconnu cette autorisation comme légale, et que pourtant il ne l'ait accordée qu'une fois, tandis que tant d'inscriptions ont été attaquées comme suspectes. (1)

— Les membres du bureau consultatif avaient été informés par leur correspondance que, dans les arrondissements, le bruit circulait que l'administration avait fait, *depuis le 30 septembre*, relever d'office les extraits de *certains* électeurs qui n'avaient pas justifié de leur chef dans les délais de droit. Ce bruit faisait craindre une fournée subite d'intrus sur les listes de rectification qui seraient publiées lors de la convocation des colléges.

Spécialement on apprit d'une manière précise que les sieurs *Legriel* et *Lecanu*, négociants à Dieppe, et le sieur *Rouillès*, maire de Bracquemont, qui n'avaient fait au-

----

(1) On n'a pas donné communication des dossiers aux tiers réclamants.

cune production avant le 30 septembre, et qui depuis n'avaient acquis aucun droit nouveau, seraient néanmoins portés sur les listes de rectification. On pourrait au besoin prouver devant les tribunaux que le sieur Legriel, notamment, reçut, dans le courant d'octobre, une lettre de M. le sous-préfet de Dieppe, qui l'avertissait de se rendre au cabinet de ce fonctionnaire ; que là celui-ci lui manifesta l'étonnement qu'il avait conçu en ne le voyant pas figurer parmi ceux qui avaient produit avant le 30 septembre ; qu'on l'invita à réunir ses pièces, en lui promettant qu'en cas d'élections dans l'année, il serait inscrit ; parce que l'on comptait sur son dévouement.

D'après ce dernier renseignement, de l'exactitude duquel il n'était pas permis de douter, plusieurs électeurs présentèrent, le 7 novembre, une pétition à M. le préfet, dans laquelle on protestait contre l'inscription sur les listes de tous individus qui n'auraient pas réclamé avant le 30 septembre, et n'auraient acquis aucun droit nouveau depuis cette époque, et notamment contre l'inscription des sieurs Legriel, Lecanu et Rouillès.

Cette pétition, étant collective, fut laissée sans réponse ; et sur les listes de rectification arrêtées le 6, qui le 7 étaient sous presse, et qui parurent le 9, on voit figurer les noms des sieurs Legriel, Lecanu et Rouillès, conjointement avec les sieurs *Labbé*, juge de paix, *Violte*, *Aubourg*, *Engrand*, propriétaires, *Pannié*, ancien notaire, et *Chapelle*, huissier, tous neuf réunis sous une même accolade avec cette note : *Inscriptions omises par erreur sur le tableau de rectification du 30 septembre, où elles auraient dû être comprises !!!*

Il est remarquable que ces neuf électeurs sont tous de l'arrondissement de Dieppe, dont le bureau provisoire n'a été maintenu qu'à une majorité de 5 voix.

— Un sieur *Hamel*, juge de paix à Bolbec, a été interpellé au collége du Havre d'indiquer les éléments du cens de 5oo fr. 8o cent. qui lui est attribué par son inscription sur la liste. On lui a fait observer que sa contribution mobilière, portée à 4o fr. 57 cent., paraissait bien exagérée dans une ville comme Bolbec; que sa maison était bien petite pour payer 5o fr. 12 cent. de portes et fenêtres, ce qui ferait 78 ouvertures à 64 cent.; que sa contribution foncière ne devait pas être portée à son ancien taux de 145 fr. 54 cent., puisqu'il avait aliéné partie de ses immeubles, payant un dividende de 12 fr. 91 cent.; et qu'enfin, s'il avait acquis récemment 5 acres de terre, il ne pouvait en compter l'impôt, puisque son acquisition avait à peine six mois de date, et que d'ailleurs son vendeur s'en était réservé l'usufruit. Le sieur Hamel a néanmoins persisté à se prévaloir d'un droit qui ne pouvait lui appartenir : il a voté. Mais une plainte criminelle sera bientôt déposée au parquet de M. le procureur du roi, et la justice ne se fera pas sans doute long-temps attendre.

— Un autre individu encore, M. Gédéon P......., sous le n° 452, avait été porté sans droit sur les listes du Havre; mais il eut la délicatesse de ne pas se présenter au collége. A la première séance, un murmure s'éleva parmi les électeurs au moment de l'appel de ce nom : cette réclamation de la notoriété publique suffit; au réappel le nom de l'intrus fut omis. Il en fut de même dans la séance du lendemain, et lors de la computation des suffrages, M. le président déclara que le nom de M. Gédéon P....... n'avait pas dû être maintenu sur les listes.

— A Yvetot, deux individus notoirement incapables avaient été portés sur les listes; mais on leur déclara que, s'ils osaient voter, on rendrait plainte contre eux, et cette crainte les arrêta.

— Sur les listes du grand collége on voit figurer 1° M. de B...., sous le n° 159, 2° arrondissement. Cependant ce propriétaire a abandonné la totalité de ses biens à ses enfants et il ne s'est réservé qu'une rente viagère. 2° M. de T...., sous le n° 775, 5° arrondissement. Cependant il ne possède qu'une usine à usage de papeterie et un maison avec ses dépendances rurales, à Gueurres, arrondissement de Dieppe, le tout imposé au plus à 900 fr. Il a hérité de plus de quelques biens d'un oncle ; mais l'usufruit de ces biens a été légué à la veuve, qui vit encore. On a tout lieu de croire à l'exactitude de ces renseignements ; cependant comme on ne les a reçus que depuis les élections, et qu'il répugnait de penser que deux citoyens d'une position sociale élevée se prévalussent d'un droit usurpé, aucune interpellation ne leur a été faite, et ils ont voté.

— Messieurs *Louis-Antoine Lefebure*, *Pierre-Antoine Duvergier* et *Marcellin de St-Victor*, avaient été portés sur les listes du grand collége sans qu'ils eussent le cens le nécessaire; mais ils ont eu la loyauté de s'abstenir, et notamment lorsque M. Duvergier aîné fut appelé, l'honorable M. Duvergier de Hauranne, son frère, déclara hautement en son nom, aux membres du bureau et aux électeurs présents, qu'il avait été porté sur les listes sans son aveu et qu'il ne payait pas le cens.

— M. *Rivaud la Raffinière*, général commandant la division, dont l'inscription avait été contestée, ne s'est pas non plus présenté : on ignore si c'est par le même motif.

—M. *Bourdelle*, qui, depuis les élections de 1824, a transféré son domicile réel à Fleury-sur-Audelle, département de l'Eure, s'était fait porter sur les listes de ce département, conformément aux principes rappelés ci-dessus, qui veulent que le domicile politique suive toujours le domicile réel, à moins de déclaration contraire. Cependant il fut porté d'office sur les listes de la Seine-Inférieure, et un électeur ayant demandé sa radiation, vu son changement de domicile, M. le préfet répondit que l'inscription était maintenue, « attendu que le sieur Bourdelle n'avait pas fait de déclaration de changement de domicile politique ». (1)

Voici donc pour le moins quatre noms qui ne devaient pas figurer sur la liste du grand collège. En les y maintenant le préfet a privé quatre autres citoyens du double vote dont le droit leur était acquis.

— Notamment, au milieu des manipulations diverses qu'ont entraînées les fausses inscriptions d'abord admises, et puis en partie corrigées dans les *errata*, le préfet a sacrifié les droits du sieur *Lorrain Frébourg*. Cet électeur avait justifié de 1150 fr. de contributions; il se vit porté sur la liste du 30 septembre pour 1056 fr., quoique aucun arrêté de rejet de quelques uns de ces extraits ne lui eût été notifié. Toutefois il ne réclama pas, parce qu'il suffisait de cette seconde somme pour être du grand collège, dont le cens ne s'élevait encore qu'à 1047. Mais, après les re-

---

(1) Grâces à cette décision, si M. Bourdelle eût été moins homme d'honneur, il aurait pu voter à la fois dans les deux collèges de l'Eure et de la Seine-Inférieure : car la session électorale de l'Eure a été terminée dès le dimanche 25, tandis que les opérations de notre collège, pour le quatrième candidat, se sont prolongées jusqu'au mardi 27.

maniemens qui suivirent le 7 novembre, ce cens fut porté
à 1057 fr., et M. Lorrain Frébourg, pris au dépourvu,
se trouva ainsi exclus du grand collége et victime de la
bévue commise d'abord par l'administration dans l'addi-
tion de ses extraits.

— Le défaut de publicité du registre destiné à recevoir
à la préfecture les déclarations de changement de domicile
politique a pu donner lieu à plus d'une intrusion; mais
la vérification a été impossible.

Ainsi, parmi plusieurs autres exemples (1), on aurait
voulu savoir si M. *A.L...*, porté sur les listes, sous le n° 302,
pour l'arrondissement de Rouen *extra muros*, lorsqu'il
avait voté *intra muros* en 1824, a bien réellement fait en
temps de droit sa déclaration de changement de domicile.

Surtout on aurait désiré pouvoir faire cette vérification
relativement à MM. *de Vieilcastel* et *de Drionville*, le
premier sous-préfet de Dieppe, le second sous-préfet de
Neufchâtel, tous deux nommés à ces fonctions depuis
1824, et qui à cette époque avaient voté dans d'autres
départemens (2). La réclamation concernant M. de Drion-

---

(1) M. J. de B...., fonctionnaire public, qui avait voté à
Rouen en 1824, s'est trouvé porté en 1827 dans le collége du
Havre, où son vote pouvait être, en effet, bien plus utile au
ministère. On remarque aussi, dans le collége de Dieppe, sous
les n°ˢ 181, 276, 294, 386, quatre autres fonctionnaires publics, dont la translation de domicile politique est un mystère
important à éclaircir.

(1) MM. de Vieilcastel et de Drionville ne sont pas dans la
même position que MM. *Brunet, Bourdelle* et *Lemaître*, dont
on a parlé ci-dessus, p. 32 et 43. Comme ils ne sont venus résider à
Dieppe et à Neufchâtel que pour l'exercice d'une fonction tem-

ville est restée sans réponse. Celle qui concernait M. de Vieilcastel fut rejetée, « attendu qu'il *paraît* constant, « d'après *les explications* donnés par M. de Vieilcastel, « que ce fonctionnaire n'a et *ne peut* avoir son domicile « politique ailleurs qu'à Dieppe ». Un pareil motif n'est nullement satisfaisant ; rien de plus vague, rien de moins précis ; et peut-être est-il permis de penser que, s'il se fût agi d'un simple citoyen, dont la présence eût été moins précieuse dans un collége que celle du sous-préfet de l'arrondissement, M. le préfet, au lieu de ses seules *explications*, aurait visé d'abord le registre déposé dans ses bureaux, sur lequel doit être consignée la déclaration de M. de Vieilcastel d'établir son domicile dans la Seine-Inférieure, et puis l'extrait en forme du registre de la préfecture de l'ancien département de ce citoyen, constatant sa déclaration de transférer son ancien domicile, car cette double déclaration est essentiellement nécessaire pour légaliser un changement de domicile politique, suivant la loi et suivant la jurisprudence constante du conseil d'état, attestée par M. de Cormenin (n⁰ˢ 462 et 487).

. — Deux pétitions, relatives aux sieurs *Cavelier de Cuverville* et *de Milleville*, eurent plus de succès. Le premier, qui avait voté en 1824 à Rouen, *intra muros*, se trouva transporté au Havre sur la liste affichée le 6 octobre. Le second, qui avait voté en 1824 à Evreux, se trouva transporté en 1827 sur les listes de la Seine-Infé-

---

poraire et révocable, leur domicile n'aurait pu être transféré au lieu de leur nouvelle demeure que par une déclaration formelle. (Art. 106 du Code civil.) Le siége d'une fonction amovible est une *résidence*, et non un *domicile*.

rieure. De pareilles erreurs paraissent impossibles pour la préfecture, puisqu'elle est dépositaire du registre sur lequel le changement de domicile doit être consigné. Cependant elles avaient été faites : il fallut deux pétitions pour en obtenir le redressement. Ces erreurs, si étranges, et d'une vérification si difficile pour les citoyens, en laissent soupçonner bien d'autres du même genre. Il y a là une source féconde d'abus.

— Il n'y aura jamais de garanties contre les introductions sur les listes de faux électeurs tant qu'on ne trouvera pas dans les lois :

1° Des peines précises et justement sévères contre l'usurpation des droits politiques ;

2° Faculté à tout citoyen de se porter non seulement dénonciateur, mais encore partie civile, contre les auteurs d'un pareil crime ;

3° Faculté à tout citoyen de relever à ses frais, chez les percepteurs, les extraits concernant les individus portés sur les listes ;

4° Faculté à tout citoyen de vérifier et de se faire délivrer extrait des registres des préfectures destinés à recevoir les déclarations de changement de domicile politique ;

5° Faculté à tout citoyen de vérifier les registres de la préfecture sur lesquels sont consignées les demandes en inscription, les pièces produites et l'arrêté de clôture du 30 septembre, afin que cet arrêté, cessant d'être élastique à volonté, ne puisse plus se prêter à des introductions frauduleuses.

C'est à la législature à combler ces lacunes de la loi actuelle ; il est temps enfin de mettre à profit les amères leçons de l'expérience.

Distribution d'imprimés en contravention aux lois.

Comme tous les départements, la Seine-Inférieure a été inondée, pendant tout le mois de novembre, d'un déluge d'imprimés adressés aux électeurs. La *Gazette de France*, et le *Journal de Rouen*, son intrépide copiste, étaient expédiés à foison, dans les villes et surtout dans les campagnes.

Nulle sorte d'influence n'est plus légitime, sans doute, que celle qui s'adresse ainsi aux intelligences; mais pourquoi faut-il que tout s'envenime aux mains de la faction ministérielle?

D'abord la plupart de ces écrits déversaient les plus affreuses calomnies sur les candidats de l'opposition, et surtout sur MM. Bignon, Petou et Duvergier de Hauranne.

Puis, au mépris de ces règlements sur la police de la presse si sévèrement exécutés depuis plusieurs années, tous ces libelles, qui étaient sans nom d'auteur, d'éditeur, ni d'imprimeur, ont circulé insolemment, sans aucunes poursuites du ministère public, qui, quelques jours auparavant, avait traduit en police correctionnelle l'imprimeur Bloquel, pour avoir imprimé, sans y apposer son nom, des *prospectus* de parfumeur, destinés à envelopper des bouteilles d'eau de Cologne.

Enfin, par un autre abus encore, ce sont les fonds du budget, votés pour l'utilité publique, qui ont payé les frais de façon, d'impression et de port de tous ces libelles, destinés à tromper les citoyens.

Nous sommes loin d'assimiler à ces méprisables productions les deux circulaires de M. le préfet, de 10 et 19 novembre : aussi nous y ferons bientôt une réponse à part.

Il faut voir maintenant ce que toutes ces préparations

administratives ont produit dans les colléges électoraux, et quelles garanties les citoyens ont trouvées là pour l'exercice de leurs droits.

Session des colléges électoraux.

Le scrutin électoral doit présenter l'expression de la conscience publique : cette expression n'est fidèle qu'autant que la liberté du vote de chaque citoyen aura été pleinement assurée, et le secret qui doit en environner la manifestation est la plus essentielle de ses garanties. C'est donc sur cette partie de la police intérieure des colléges que nous insisterons spécialement.

— Dans les deux arrondissements de Rouen, le secret du vote a été généralement respecté. Le seul M. Auguste *Caze*, président de la seconde section *intra muros*, se refusa absolument au placement de cartons sur le bureau, et, malgré la presque-unanimité des réclamations, ses dispositions subsistèrent le premier jour. Mais, le lendemain, son bureau provisoire renversé à une immense majorité, il lui fallut se résigner aux précautions qui parurent convenables au bureau définitif pour assurer l'exécution de la loi.

— A Yvetot, les électeurs constitutionnels réclamèrent l'apposition de cartons pour protéger le secret du vote. M. de Martainville, président et candidat ministériel, répondit que, la loi n'autorisant pas une pareille mesure, il ne l'admettrait pas. Il refusa même d'abord de consulter le bureau sur cette difficulté, mais enfin il s'y résigna. Le bureau ne le contredit pas, et les deux boîtes du scrutin ne garantirent pas assez efficacement l'indépendance des suffrages. Quelques fonctionnaires salariés et révocables remirent leurs bulletins ouverts aux mains du prési-

dent : ce furent notamment MM. *Loche*, receveur particulier; *Lesaunier*, entreposeur des tabacs; *Saint-Requier*,
commissaire-priseur, et *Sampie*, maître de la poste aux
chevaux. M. de Martainville eut le tort de sanctionner cet
abus en recevant ces bulletins sans exiger qu'ils fussent
d'abord fermés. On lui reproche également d'avoir le premier jour glissé à certains électeurs, en leur remettant leurs
cartes, un bulletin imprimé contenant le nom des membres de son bureau provisoire, et de s'être souvent tenu
debout avec une affectation de nature à faire croire aux
personnes timides que leurs voies étaient surveillés (1).

— A Neufchâtel (M. *Martin de Villers* président et
candidat ministériel), le secret des votes fut illusoire le
premier jour, malgré les réclamations de quelques électeurs, et le président poussa l'oubli des convenances jusqu'à
recevoir les bulletins qui lui étaient remis ouverts. Mais,
malgré ces atteintes à la liberté des suffrages, malgré toutes
les manœuvres administratives (2), le bureau provisoire

---

(1) Pendant tout le temps des élections, on fit à Ivetot des
prières publiques. Le curé avait annoncé en chaire que l'on
chanterait le *Te Deum* après la session du grand collége. Le
Te Deum n'a pas été chanté.

(2) M. *Gaillard* de Brémontier fut exclus, par le motif qu'il
n'avait pas joint à ses pièces son acte de naissance..... Il avait
voté en 1824 ! — On n'avait pas envoyé les cartes, par l'inter-
médiaire des maires, aux électeurs portés sur la liste supplémentaire, publiée depuis le 7 novembre. A quelques uns on
avait écrit de venir les prendre dans les bureaux de la sous-
préfecture ; mais d'autres avaient été entièrement omis. M. *De-
lanoy*, entre autres, n'apprit son inscription sur la liste que le
dimanche à midi : il monta de suite à cheval, fit onze lieues à
toute bride; mais, arrivé à Neufchâtel, après la séance terminée, il ne put qu'offrir ses félicitations à M. Hely d'Oissel.

fut renversé, et telle fut la manifestation de l'opinion publique (1), que M. Martin de Villers n'osa pas prononcer un discours imprimé à l'avance, et que quelques personnes ont pu se procurer, où il se permettait contre son honorable concurrent les plus calomnieuses insinuations. Le second jour consomma le triomphe de la cause constitutionnelle.

— Les électeurs du Havre s'unissent tous pour rendre hommage à la loyauté et à l'impartialité de la présidence de M. Bégouen-Demeaux. La disposition première de la table n'ayant pas été trouvée convenable, sur la réclamation des électeurs, le président consulta le bureau, et bientôt il annonça que les deux boîtes du scrutin seraient rapprochées, de manière à se trouver entièrement contiguës, et qu'on y joindrait une troisième boîte placée en équerre du côté du secrétaire, de sorte que, le haut des plumes ayant d'ailleurs été coupé, le secret des votes se trouva complétement à couvert.

— Pourquoi n'en a-t-il pas été de même à Dieppe?
Dans ce collége, la table présentait à peine trois pieds de largeur, de manière que les bulletins devaient être écrits, pour ainsi dire, sous les yeux du président, sans être même protégés par les boîtes du scrutin. Plusieurs électeurs réclamèrent avec énergie des dispositions plus conformes à la loyauté française et à la loi, notamment l'apposition de cartons propres à protéger le secret du vote. M. de

(1) Plusieurs octogénaires, la plupart infirmes, l'un aveugle, se firent porter au collége. Ces généreux citoyens sont MM. *Féré Milon*, *Blaise de la Ferté*, *Levasseur*, *Poyer de Neuville* et *Tronde*.

Malartic, à qui sa qualité de candidat semblait devoir imposer plus de réserve, sans consulter son bureau, se hâta de répondre qu'il ne permettrait aucune autre disposition que celle qui existait; et comme on insistait pour qu'il consultât le bureau, il y consentit enfin, mais en déclarant que, quelle que fût son opinion, elle ne changerait rien à sa détermination personnelle. On ignore donc si le bureau improuva la disposition existante : elle fut maintenue, et seulement acte dut être inséré au procès-verbal de la réclamation faite à cet égard. Les regards du président et de son bureau, qui fut maintenu le premier jour à une majorité de huit voix, planèrent constamment sur les électeurs : les votes ne furent un secret pour aucun des membres du bureau. Bien plus, l'administration, représentée là par M. de Vieilcastel, put pénétrer aussi ces mystères illusoires : car M. le sous-préfet, continuellement appuyé sur une balustrade circulaire qui entoure l'espace où le bureau était placé, dominait de cet observatoire sur la conscience des électeurs, suivant des yeux tous leurs mouvements, et pouvant lire sans peine tous les noms inscrits sur les bulletins, comme en ont fait plusieurs fois l'expérience des électeurs qui, à diverses reprises, allèrent se poster près de la même balustrade. Ces pratiques inquisitoriales devaient maîtriser le vote de tout électeur timide par caractère ou par position. C'est à elles que M. de Malartic dut la majorité de *trente-quatre* voix qu'il a obtenue sur M. Duvergier de Hauranne.

Ainsi, dans un seul collége, l'administration a pu faire passer son candidat, et c'est dans ce collége que le secret du scrutin a été le plus ouvertement violé. Pour savoir à quel prix on obtient de ces victoires, il faut ajouter les circonstances déjà connues de l'élection de Dieppe : beaucoup d'électeurs constitutionnels repoussés sous les plus frivoles

prétextes (1); un autre tombé dans le guet-apens du 14 novembre; neuf intrus portés sur les listes après le 30 septembre; cinq fonctionnaires publics, parmi lesquels le
sous-préfet, admis sur les listes sans qu'il apparaisse de l'é-
tablissement légal de leur domicile dans cet arrondissement (2).......

---

(1) Nous avouons que nous nous refusons à croire tout ce qui
nous est rapporté à cet égard, quoique attesté par les personnes les plus dignes de foi. Par exemple, M. *Filles*, négociant, issu d'une des familles les plus anciennes et les plus con-
sidérées de Dieppe, mais protestant de religion, n'a obtenu
ses extraits, réclamés dès le commencement de septembre,
que dans les premiers jours du présent mois de décembre. On
s'est servi de mille prétextes différents pour ajourner successivement la remise de ces extraits. Livré à lui-même, et répu-
gnant à faire quelque éclat, M. Filles n'a employé aucun moyen
coércitif pour vaincre les résistances du percepteur, et a
laissé périr ainsi son droit. En lui remettant si tardivement
ses extraits, on lui a fait très clairement entendre qu'on avait
suivi en cela des ordres venus de plus haut, que beaucoup
de citoyens étaient dans le même cas, parce qu'ils avaient
été nominativement désignés d'avance aux percepteurs.

(2) Il y eut bien d'autres abus encore. La séance du collége
se tenait dans la grande salle de l'Hôtel-de-Ville. Une cour pré-
cède cette salle : l'on n'entrait dans cette cour qu'après avoir
exhibé sa carte à des gendarmes postés à la porte, et qui n'y
laissaient pénétrer que des électeurs. C'était une enceinte ré-
servée comme dépendance du collége. Cependant deux em-
ployés de la sous-préfecture, qui ne sont pas électeurs, y furent constamment admis ; ils poursuivaient de leurs séductions
de toute espèce les électeurs des campagnes, promettant à
l'un de faire exempter son fils de la prochaine conscription, à
l'autre un dégrèvement, à celui-là une place de maire, etc.,

On saura quelque jour si, faite sur de pareilles listes,
si, viciée dans la liberté des suffrages, une pareille élection peut être maintenue.

---

et terminant toutes ces belles promesses par des invitations à
déjeûner, dîner et souper dans l'auberge voisine, où ces cour-
tiers d'élection tenaient, non à leurs dépens, table ouverte
pour tous les électeurs assez faibles pour céder à de semblables invitations. Ces scandaleuses manœuvres continuèrent
hautement pendant les deux jours de la session électorale : car
plusieurs électeurs ayant demandé à M. le sous-préfet qu'il
renvoyât de l'enceinte du collége ces indignes agents qui la
déshonoraient, ce fonctionnaire refusa de déférer à leur demande. — Pendant ces deux jours toutes les troupes de la
garnison restèrent sous les armes dans les casernes, prêtes à
marcher au premier signal, et l'on eut soin de répandre ce
fait par la ville, afin, sans doute, d'intimider ceux qui, crai-
gnant toujours de réduire leurs adversaires aux moyens ex-
trêmes, voient des coups d'état jusque dans la main d'un
sous-préfet. — Les électeurs constitutionnels de Dieppe se plai-
gnent amèrement qu'un haut personnage, trop oublieux peut-
être de l'affront récent fait à la pairie par le ministère, ait
déployé tous les moyens possibles d'influence pour appuyer
l'élection du candidat ministériel. Nous ne lèverons pas le
voile qui couvre ces choses de la vie privée. Mais, comme si
l'alliance du ministère devait toujours porter malheur, il était
réservé au même personnage, dans le discours qu'il a pro-
noncé comme président du grand collége, de causer le même
sentiment de surprise et de regret à tous les électeurs constitutionnels du département, en censurant sans détour les choix
faits dans les colléges d'arrondissement, et en disant que les
élections sont *le seul moyen légal de manifester nos senti-
ments*, ce qui est méconnaître évidemment la légitimité de
la liberté de la presse, que garantit la Charte.

— Au grand collége, toutes les garanties légales ayant été observées, les quatre candidats constitutionnels sont sortis triomphants de l'urne électorale.

Réponse aux circulaires du préfet.

Après avoir complété le tableau de la confection des listes et de la direction administrative des élections dans le département de la Seine-Inférieure, il convient, en finissant, d'examiner les deux circulaires de M. le préfet, et d'apprécier les imputations qu'elles prodiguent aux électeurs constitutionnels, en les désignant sous le nom de *parti prétendu libéral.*

« Nulle part, dit la circulaire du 10 novembre, les efforts *du parti que nous avons à combattre* n'ont été aussi persévérants et aussi actifs que dans ce département.» Ce style passionné explique très bien les actes que nous avons signalés ci-dessus. Les doctrines jésuitiques suffiraient sans doute pour les autoriser aux yeux de certaines gens, car elles permettent tout ce que peut conseiller l'intérêt personnel, elles légitiment tous les moyens en faveur du but qu'on se propose. Mais les préventions de nos hommes d'état fournissent de leur conduite une explication plus naturelle encore. Depuis quelques années, de funestes dissidences se sont heureusement effacées. Ceux qui s'appelaient autrefois les royalistes se sont aisément affectionnés à des institutions établies et jurées par nos rois. Ceux que séduisaient d'abord les théories d'une liberté plus absolue ont bientôt reconnu que la Charte, loyalement exécutée, peut suffire à tous les besoins nationaux. La royauté, devenue ainsi comme un centre commun d'affections, a réuni pour elle l'unanimité des volontés. Alors, brisant d'odieuses barrières, les grands citoyens qui marchaient à la tête des deux camps opposés se sont unis pour affermir par leurs communs efforts la liberté par le trône, le trône par la liberté. De ce moment il n'y eut plus en France que deux partis : celui de la fidélité aux institutions émanées de la sagesse royale, et celui du parjure.

Cependant, méconnaissant le mouvement général des esprits depuis 1815, parce qu'eux-mêmes ils ont conservé leurs vieilles haines et leurs vieux préjugés de cette époque, et ne comprenant pas qu'on puisse séparer dans ses affections le ministère de la personne du roi, parce qu'eux-mêmes ils n'aiment et ne voient le roi que dans les faveurs qu'ils reçoivent des ministres, les fauteurs des ministres ont persisté à partager la nation en deux partis, les royalistes, et les ennemis du roi; et dans cette dernière classe ils rangent tous ceux qui ne veulent pas voir comme eux la monarchie incarnée dans la personne de M. de Villèle. C'est au milieu de cette préoccupation que les préfets administrent. Administrer, ils le disent, c'est *combattre* (1); et, comme s'ils étaient en effet sur un champ de bataille, ils parlent de *verser leur sang* pour la défense du roi. Dans cette position, comment s'étonner qu'une impartiale justice ne préside pas toujours à leurs actes? La justice n'est pas un arme de combat; la ruse est permise à la guerre; et quand on s'imagine être par excellence *le défenseur de la légitimité sacrée*, et avoir en tête *tous les vieux ennemis de la monarchie*, tous les moyens doivent paraître légitimes. Qui devrait se faire scrupule de « filou-

---

(1) Toutes les expressions soulignées sont extraites des circulaires.

ter une majorité, » lorsqu'*il s'agit d'assurer la stabilité du trône?*

L'histoire désigne un certain comte de Champagne sous le nom de Thibaut-*le-Tricheur.* Ce sobriquet, qui ne nous semble pas très honorable, était tenu à grand honneur par messire Thibaut, parce qu'il l'avait mérité aux dépens de ses ennemis et de ses vassaux, espèce envers laquelle, en ce temps-là, on se croyait dispensé de justice et de loyauté.

Voilà donc expliquées ce qu'on pourrait appeler les hostilités électorales de la préfecture, si l'on voulait suivre la métaphore guerrière de M. le préfet. Il reste à dire quelles ont été, suivant son expression pleine d'amertume, *les manœuvres de la haine furieuse et de la criminelle audace du parti libéral.*

Nous voyons d'un côté l'administration à la tête de la faction ministérielle, prête à tous ces *excès de zèle* que désavouait trop tard le président du conseil; nous la voyons recruter d'office tous ses dévoués serviteurs, tandis qu'elle écartait ou tenait dans l'ignorance la grande majorité des citoyens, bâtissant sur la falsification des listes du jury un long espoir de fortune. De l'autre côté nous voyons les citoyens isolés, pleins d'effroi pour le service du jury (1), découragés des élections par l'expérience réitérée de l'inutilité de leurs efforts, presque résignés au sacrifice de droits si peu profitables et payés si chers, surtout ignorant, grâces aux précautions ombrageuses de la censure, la possibilité d'é-

_____

(1) Ne serait-ce pas pour augmenter cet effroi, en présentant cette charge comme devant se renouveler plus souvent pour chacun, que M. le préfet n'a compris sur la seconde partie de la liste du jury que 256 noms, nombre sans aucun rapport avec celui des citoyens appelés par l'art. 2 de la loi du 2 mai 1827, existant dans ce département.

lections prochaines et l'immense et pressant intérêt de se faire immédiatement porter sur les listes. Dans cette position si inégale, la France allait bientôt voir se réaliser à ses dépens la fable du sage La Fontaine : le faisceau national désuni, chacun eût été brisé sans effort par la main du pouvoir.

Alors nous avons senti le besoin de rallier tous les citoyens contre l'ennemi commun. Pour suppléer à la voix asservie des journaux, nous avons publié partout la nécessité de se faire inscrire sur les listes électorales, dans des brochures, revêtues d'ailleurs des garanties légales, et qui, quoiqu'on dise, n'étaient pas des *libelles incendiaires*, puisque la justice les a vues sans s'émouvoir. Ces brochures, nous les avons adressées à toutes les opinions, distribuées dans les fermes et dans les châteaux, dans les manufactures et dans les maisons des bourgeois. Tout le monde sans distinction a été averti, pressé, sollicité. De même quand il a fallu agir pour la justification des droits de chacun, nous avons offert notre assistance à tous sans acception d'opinion. Les yeux sans cesse ouverts sur les actes de l'administration, nous avons obtenu le redressement de plus d'une erreur, la réformation de plus d'une illégalité; et peut-être notre vigilance éprouvée, en commandant la circonspection, a-t-elle aussi prévenu d'autres abus médités dans l'ombre. Ainsi, luttant de tout notre pouvoir, et toujours dans les limites légales, pour obtenir des listes complètes et pures de tout alliage, nous voulions qu'au jour de la bataille des élections tous les intérêts fussent en présence et pussent se mesurer à armes égales, afin que le résultat qui sortirait de l'urne fût l'expression sincère des besoins et des vœux du pays. Voilà nos désirs et nos manœuvres : est-ce de l'audace? est-ce de la fureur? La circulaire parle de *menaces* faites pour empêcher ceux qu'elle appelle les royalistes de se rendre aux colléges électoraux : c'est là une calomnie à laquelle M. le préfet a ajouté trop légèrement confiance. Il est impossible de citer un fait quelconque de cette espèce, et chacun sait depuis 1824 à l'usage de qui sont les menaces dans la lutte électorale.

Et si toutes ces choses sont notoires, si les efforts des libéraux ont constamment tendu à porter au complet la milice électorale, tandis que les efforts de l'administration tendaient à la réduire et à la décimer par tous les moyens possibles, la conséquence est facile à déduire : l'administration, agissant dans des intérêts spéciaux qui ne sont pas ceux du pays, redoutait un juge sévère dans chaque citoyen qu'elle admettait de plus sur les listes. Les libéraux, au contraire, luttant pour le triomphe des intérêts nationaux, sentaient bien que, plus ils appelaient à eux de citoyens, plus ils gagnaient de défenseurs à la cause commune. Qu'est-ce en effet que le *parti prétendu libéral?* C'est la nation.

Les élections ont mis cette vérité en lumière par tout le royaume, et dans notre département elle a été pour ainsi dire mathématiquement démontrée. Dans les colléges d'arrondissement, l'opposition constitutionnelle a obtenu cinq nominations sur six. Au collége de département, sans aucune transaction préalable, ses quatre candidats sont sortis vainqueurs de la lutte. Dans les arrondissements, le seul candidat ministériel que l'administration soit parvenue à faire passer ne l'a emporté que de 34 voix sur son concurrent ; tandis que le candidat constitutionnel le moins favorisé a obtenu 80 voix de plus que son concurrent, et M. Bignon a réuni 880 suffrages contre 148. En récapitulant tous les suffrages, le ministère en a obtenu 892, la France

constitutionnelle 2262, c'est-à-dire 1470 d'avantage (1).
Dans le grand collége, le premier jour les quatre candidats constitutionnels ont obtenu ensemble 1682 suffrages,
tandis que les quatre candidats ministériels n'en ont obtenu que 1437. Trois des premiers ont été élus dès le premier jour, et au ballotage, le quatrième a obtenu 191 voix
de plus que le marquis son rival.

De semblables résultats parlent plus haut que toutes les
circulaires administratives : c'est le pays lui-même qui
élève la voix pour répondre à notre accusateur.

M. le préfet sait d'ailleurs comment on purge ces sortes
d'accusations. « Nous n'y répondrons, dit-il dans sa dernière circulaire, que par une conduite *loyale, dévouée et
exempte de passion.* » Eh bien! qu'on juge maintenant à

---

(1)-   Rouen (*intra muros*).
M. Bignon 880 ; — M. Elie-Lefébure 148.
                    Rouen (*extra muros*).
M. Petou 567 ; — M. Fouquier-Long 90.
                    Neufchâtel.
M. Hely d'Oissel 229 ; — M. Martin-de-Villers 149.
                    Yvetot.
M. Bignon 298 ; — M. Martainville 171.
                    Havre.
M. Duvergier de Hauranne 541 ; — M. Bégouen-Demeaux
149.
                    Dieppe.
M. Malartic 185 ; — M. Duvergier de Hauranne 151.

Le total de ces votes est de 3154. Le nombre des électeurs
portés sur les listes était de 3645. Ainsi, à peu près 450 électeurs ne se sont pas rendus aux colléges : car il est très notable
que le nombre des voix perdues dans les six colléges ne s'élève
pas à plus d'une quarantaine.

leurs œuvres M. le préfet et ceux qu'il nomme ses ennemis, et qu'il a en effet traités comme tels.

M. le préfet a commandé ou approuvé tous les actes que nous avons signalés, et chacun peut apprécier jusqu'à quel point ils sont *loyaux et exempts de passion*. Le résultat a été la nomination de M. *Malartic,* député, entré dans la carrière politique en 1824, et qui a constamment voté avec la majorité de cette chambre de funeste mémoire (1).

Les électeurs constitutionnels ont employé tous les moyens légaux pour appeler sur les listes électorales tous ceux qui étaient appelés par la loi. Le résultat a été l'élection de MM. *de Villequier, Thil, Cabanon, Maille, Bignon, Petou, Duvergier de Hauranne* et *Hely d'Oissel,* tous zélés et incorruptibles défenseurs de la cause nationale.

Qui a le mieux mérité de la France et du Roi?

---

(1) En récompense de leurs bons et loyaux services dans cette élection, MM. les maires de Dieppe et de la ville d'Eu viennent, dit-on, de recevoir la décoration de la Légion-d'Honneur.

— De nouveaux renseignements, survenus pendant l'impression, nous mettent dans le cas d'adresser à qui de droit les questions suivantes :

Iᵗᵉ. *A M. le préfet.* — Pourquoi, lorsque le travail fait au mois de juillet par les percepteurs de l'arrondissement d'Ivetot, dans le cabinet du sous-préfet, avait produit une liste de 640 personnes payant le cens de 300 fr., la liste dressée d'office ne contenait-elle que 175 noms, sur lesquels il fallait en retrancher 13 pour décès; et pourquoi la liste définitive ne s'est-elle pas élevée au-delà de 527?

IIᵉ. *A M. Martin de Villers.* — Peut-on croire au secret des votes, lorsque le président du collége, au moment où *certains* électeurs viennent d'écrire leur bulletin, fait ostensiblement une marque au crayon en marge de la liste? La loi veut que la liste soit émargée; mais cette mesure a lieu pour tous les votants, et le secrétaire en est ordinairement chargé (1).

IIIᵉ. *A M. le directeur des contributions.* — Si, dans quelques arrondissements, les percepteurs ont été autorisés à faire payer aux contribuables les formules imprimées qu'on délivrait *gratis* dans ceux de Rouen et d'Ivetot, cette autorisation se serait-elle étendue à un droit de *rédaction,* ou même de *rectification,* exigé dans l'arrondissement du Havre?

---

(1) Un électeur assure avoir vu M. de Villers remettre des bulletins ouverts, avec invitation de les lui rendre fermés, contrairement à ce qui a été dit à cet égard à l'article de Neufchâtel. Il est à désirer pour M. de Villers que cette dernière assertion soit la véritable.

IVᵉ. *A MM. Le Desvé et Aubrée.* — Serait-ce *sciem-
ment* ou par *ignorance* que ces deux fonctionnaires, l'un
maire du Mesnil-Ruril et membre du conseil général de
département, l'autre adjoint du maire de Saint-Gilles-la-
Neuville, auraient remis à des citoyens, qui s'en rappor-
taient à eux pour l'accomplissement des formalités à remplir, des extraits de contributions en *blanc, sans date
ni signature?*

Au nombre des électeurs qui, dans l'arrondissement de
Neufchâtel, ont fait preuve de dévouement à la cause nationale, il serait injuste de ne pas citer M. Dumonchel
d'Aulage, qui, malgré ses 78 ans, et quoique privé de l'u-
sage de ses membres, s'est fait transporter au collége de
département, afin d'assurer par son suffrage l'élection constitutionnelle.

SOMMAIRE.

FIN.

www.ingramcontent.com/pod-product-compliance
Lightning Source LLC
LaVergne TN
LVHW021732080426
835510LV00010B/1222